THE
STORY
OF ART

艺术的故事

A BIOGRAPHY
·
OF QIU YING

在喧嚣世界里持守匠心

# 仇英传

林家治 卢寿荣 著

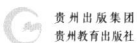

贵州出版集团
贵州教育出版社

# 目录

## 001 | **初出茅庐**
第 一 章

在仇英十五六岁的时候,他做出了一生中最重要的决定——离开太仓,告别老病的父母,孤身一人来到繁华的苏州城。世界向他展示出花枝招展的一面,他知道自己从此将跻身其中,并且与众不同。

## 057 | **锋芒毕露**
第 二 章

对于矢志学画的仇英来说,前一条道路是他乐于选择的,但是人生之途漫漫,谁又能保证他就一定能得偿所愿?在当时那种情况下,要想成为一名职业画家,又谈何容易!

## 095 | 跃上巅峰

第 三 章

在经历了重重险阻后,此时的仇英已巍然有大家的风范,无论从绘画的技法还是创作的心态,都达到了成熟的境界。他就像秋天成熟的果实挂在树梢,只待那些识货的收藏家去摘取。

## 143 | 推陈出新

第 四 章

仇英的师古仿古,即使在他的画技与声誉有了相当的提高后,依然毫不放松。他仍然时时不忘对古画的学习与临摹,可以这样说,仇英绘画的一辈子,也是他仿古临摹的一辈子。

## 大家风范

第 五 章

在中国的画史上,仇英生如浮萍,死如迷雾,来去无踪,只留如椽画笔,竖立人间千古,吞吐四方风云。乃至于千百年后,我们仍无法明了,仇英的青春年少,仇英的爱恨情愁。


**附: 仇 英 年 表**

第 一 章

# 初出茅庐

世间乐土是吴中,中有阊门更擅雄。

——唐寅《阊门即事》

# 一

在苏州阊门内下塘街17号，人们可以看到一棵老银杏树，枝叶还很茂盛，许多小孩没事的时候会在树下玩耍。此地原来是一座道观，占地数亩，道观正面有石牌楼一座，上书"道冠之才"四字，边角上则有"道夫甲辰杏月重修"的注解，这大概是道观最后一次重修的时间。银杏树已经有两三层楼那么高了，据说在苏州市区，这是第二古老的银杏树。但是大部分人都不知道，这可能是仇英当年栽下的树种，这座道观原来应是仇英的居所，当年他长期寓居富家，据推测就把自己的宅子捐出来做了道观。四百多年过去了，历史的风声微微掠过银杏树梢，只留下一片苍茫。

仇英，字实父，一作实甫，号十洲，约明弘治十一年（1498）出生在苏州太仓一个普通的老百姓家里，父亲是个漆匠。明代的发展此时已到中期，按照通常的说法，苏州一带出现了资本主义经济的萌芽，当时城镇中手工作坊林立，很多家庭都投身于此度日。仇英的家庭经济状况并不好，一家人常常是饿着肚皮度日。因此，仇英在十二三岁的时候，便出来跟着父亲做漆工，帮忙营生。现在提起漆匠，有人可能会带有些鄙夷的意思，但对于仇英来说，那就是现实的生活，他没有选择的余地。当漆工要学会识色、调色和图案设计，这对仇英日后的学画也是有帮助的。高明的漆匠，往往也会画一些比较精细的漆画，颇受人欢迎。当时吴中一带，吴门画派已经兴起，以沈周、文徵明、唐寅（唐伯虎）、周臣等最为有名。仇英虽然地处偏僻的太仓，无缘和这些人物认识，却在内心暗中发誓：有朝一日，一定要亲自跟这些名重一时的人物把臂而交。做漆匠经常要跟商贾画店打交道，因此仇英也很容易看到各种好画，每有机会，他总是会默默地瞻仰一番，久久不忍离去。贫穷的仇英是没法买得起这些贵得离谱的画卷的，他只是轻轻地来，悄悄地去，忍受着老板们的白眼和富人们的讥嘲。

仇英小时候的性格就比较倔强。举一个简单的例子，当时在乡间流行一种叫"二踢脚"的游戏，即单腿直立，将另一只脚横放在支撑腿的膝盖上，然后孩子们互相撞击为乐。这是对大块头有利的活动，谁的个子较小，通常就会被撞得人仰马翻。但瘦弱的仇英在这种游戏中总是能坚持到最后，他其实也没有什么特别的技巧，就是比较能忍。当大块头向他撞过来的时候，他要么迅速躲闪，跳到一边，要么就咬紧牙关，不管被撞得多么摇晃，支撑腿始终抓牢地面不放松。这样时间久了，大块头往往反而忍受不住腿脚的酸麻，长叹一声认输。仇英在游戏中有着坚忍的精神，在生活中更是如此。他从小就对绘画产生了兴趣，立下要出人头地的志向。因此，他几乎将所有做工之余的时间都腾了出来，在家里用简单的颜料自描自摹。虽然无人喝彩，但是仇英非常快乐，每当画出一幅自己比较满意的画，就躲在被窝里偷偷地笑。另一方面，他卖力干活，省吃俭用，想积攒一笔钱到外面的花花世界中去汲取养料。他知道太仓不是一个能发挥自己光和热的地方，他需要更多、更优秀的专业人士的指点和称赞。在仇英十五六岁的时候，他做出了一生中最重要的决定——离开太仓，告别老病的父母，孤身一人来到繁华的苏州城。世界向他展示出花枝招展的一面，他知道自己从此将跻身其中，并且与众不同。

# 二

当时的苏州是江南政治、经济、文化中心,从经济上讲,苏州已摆脱明代前期那种萧条的景观,呈现出勃勃生机的商业气氛。苏州的丝织、刺绣、制扇、玉刻、木雕、髹漆、颜料制作、书画、装裱等手工业都十分兴旺发达。士大夫阶层及富商豪绅营造园林成风,使苏州园林的建造与发展处于高潮时期。此外,大批文人学士也聚集于苏州,形成知名的吴中文坛。苏州书画业发展迅速,俨然成为全国的中心之一,因此仇英来到苏州,可谓恰逢其时。他最初选择的落脚点,是在桃花坞。这一带是手工业作坊的云集之地,画匠、漆工比比皆是。初到苏州的仇英毫无名气,只能先靠自己擅长的漆工为生。此外,一些著名画家也都居住在桃花坞附近,如唐寅的住馆"桃花坞别墅"自不待言,文徵明的居所文衙弄和祝枝山住的三茅观巷也位于此地,可谓俊才云蒸、彪炳一时。大才子唐寅就曾留诗吟咏这一带的盛况:

世间乐土是吴中，中有阊门更擅雄。
翠袖三千楼上下，黄金百万水西东。
五更市贾何曾绝，四远方言总不同。
若使画师描作画，画师应道画难工。

　　这里是画工、漆匠大显身手之地，仇英选择在此地安居，既是谋生的需求，也是进一步开阔眼界、提高画艺、接触文艺圈的需要。对于仇英来说，他虽然对于漆匠的营生兢兢业业，但这并非其终极目的，他的目标在于心爱的绘画艺术。当时，仇英在一家手工作坊干活，工头对于工匠的盘剥相当厉害，每天都要干十二三小时的活，整天累死累活不说，剩下仅有的空闲时间也往往受到很大的限制。而他矢志学画的举动，更是动辄受到非难，老板有时候甚至是声嘶力竭地朝他吼叫，威胁他如果再不专心做漆匠，就立刻滚出苏州城。仇英强忍住眼中的泪水，只好将学画的想法深深地埋在心底。在夜深人静的时候，他才敢偷偷地作画，而且一画就是一个通宵。待到晨鸡高啼，他用冷水冲冲脸，便投入到第二天的工作中去。有时候，作坊主派他到外面干活，他便趁机到繁华的庙宇、歌楼等地找一块地方作画。在喧闹的人群中，他既能锻炼自己观察生活的能力，又不容易被注意，因为在苏州，像他这样的普通工匠甚至画人实在是太多了。他就这样全身心投入于自己的创作中，有时烈日炎炎，阳光在他的额上画出了道道汗痕，他竟浑然未觉。也许是天意吧,某一天,正当他一如既往地投入在自己的艺术海洋中时,文徵明发现了他。

当时文徵明正想前往唐伯虎家邀他出来下棋,途经闹市,看见一位年轻人在庙宇的一角伏地作画,他那全神贯注的表情,让文徵明很感兴趣,便轻抬脚步,来到身后,静静观赏。当时仇英的画技并不高超,但在他稚拙的笔触中,却有一股纯朴的气韵在流动,这正是文徵明所欣赏的。他把仇英叫起来,细细交谈,当听闻他艰苦的出身时,更不由得对仇英高看一眼。从此以后,由于他的极力提携,仇英很快便在苏州画坛中崭露头角。文徵明大约比仇英大三十岁,可算得上是仇英的长辈了。作为地位尊贵、学养深厚、画技高超的大画家,文徵明对仇英的提携并非偶然。仇英的绘画天赋和好学上进是其中最主要的原因,而其人品也是文徵明所乐于称道的。正德十二年(1517),文徵明第一次邀请仇英绘制《湘夫人图》,当时的仇英无论是在绘画技巧还是在心理准备上都还远未达到成熟画家的境界,所以即使他全力以赴,接连画了两次,都不能令文徵明满意。最后文徵明只好抛开仇英,自己画了一幅《二湘图》。关于此事,王穉登曾有点评云:"少尝侍文太史,谈及此图。云使仇实父设色,两易巨,皆不满意。乃自设之以赠王履吉先生。今更三十年始获睹此真迹,诚然笔力扛鼎,非仇英辈所得梦见也。"其中也可见青年仇英与前辈画家的差距。按理说仇英初次登场,即遭贬抑,应该会心理沉重,但可喜的是,他并

## ◇ 文徵明

1470—1559

号衡山居士、停云生

祖籍湖北衡阳，江苏苏州人，画家。与唐寅、沈周、仇英合称为"明四家"；并与唐寅、祝允明、徐祯卿并称"吴中四才子"。

没有感到丝毫的委屈，而是认真检讨自身，觉得辜负了文徵明对他的期望，从此更加发奋研究绘画。这让文徵明深受震动，也十分欣赏。仇英只身一人来到苏州，在生活上不屈不挠，凭借漆匠的手艺寄身于市井，在这种生活境遇中他始终不忘绘画之志。仇英学习绘画，有其先天不足，受限于家境，他几乎没有受过任何文化方面的教育，绘画上也没有专门的老师指导，通往成功之路更是困难重重。有鉴于此，文徵明决定向他推荐一位老师，促使他更快地成才，这位老师，就是当时著名的画师周臣。

关于文徵明和仇英合作绘画的记载，在各种史料中可以发现一些。如正德十五年（1520），仇英和文徵明合作了《摹李公麟莲社图》。莲社本为东晋高僧慧远于庐山所创设，当时号称有十八贤士。在这幅画上，有文徵明的题款："庚辰秋日衡山文徵明十洲仇英同摹李伯时莲社图。"另外还有清乾隆皇帝的题跋，说明人物为仇英所作，山水则是文徵明画的。这张画还有两个副本，一藏南京博物院，一为纽约王纪千先生所藏。王纪千先生手头的那一张是仇英自己画的，有款"仇英实父制"。另嘉靖十年（1531），文徵明与仇英则合作了《孝经图》，此画现已遗失，但有记载说画卷为绢本设色，仇英作画，文徵明以楷书作《孝经》，仇英模仿北宋画家李如璋笔意。除了跟文徵明合作外，仇英跟文徵明的儿子、学生辈也经常合作。我们可以推想，这跟文徵明的大力推荐定然有关。如文徵明的学生王宠于嘉靖五年（1526）跟仇英合作过《二湘图》册，扇面画《竹林高士图》也是仇英和王宠书画合璧的成果。王宠对仇英的评价很高，在仇英《苏惠回文凯旋诗》的题文中，他说道：

  仇实父工于绘事，笔不妄下。树石师刘松年，人物师吴道子，宫室师郭忠恕，山水师李思训。其于唐宋名家无不摹仿。其妙以一人而兼众长……至于境界廖廓，铺张壮丽，人物纤妍，种种具备，岂非宇宙间希觏哉！

  又如文徵明的儿子文嘉，跟仇英也多有交往。如明嘉靖癸卯（1543）除夕日，文嘉、王穀祥和陆治访问仇英在苏州的家。仇英和陆治联手打造了《寒林钟馗图》。后来文徵明又在画上用行书补上了周密写的《钟馗诗》。三十年以后，文嘉再看到这幅画时，无限往事涌上心头，不禁兴起，拿笔就在上面写了个题跋：

> 癸卯岁除日，余同王禄之（王穀祥）、陆叔平过仇君实父处。实父以所写钟馗见示，禄之赞之不释，随以赠之。叔平时亦乘兴，遂为补景。持示先君，观之沾沾喜，因题其上。夫不满三十刻而三美具备，亦一时奇观。今黄淳之得此，可谓得所归矣。追忆曩时不胜今昔之感，漫题以识慨。

辽宁省博物馆藏仇英《赤壁图》卷，也同样说明仇英与文氏父子周围的文人之间的亲密关系。《赤壁图》卷有彭年、文彭（徵明另一子）、文嘉和周天球合书苏轼前后《赤壁赋》，并以此形式表达他们对仇英高超的绘画艺术的敬仰。

至于文徵明父子对仇英作品的题跋，那更是非常之多。如嘉靖十一年（1532）

◇ 周臣
生卒年不详
字舜卿，号东村

周臣擅长画山水人物，是院体绘画的高手。他有两个特别著名的学生，即"明四家"中的唐寅和仇英。他们青出于蓝而胜于蓝，在当时名气已超过周臣。

回文诗，也叫回环诗、爱情诗，运用汉语特有的一种使用词序回环往复的回文修辞方法，既可顺读，又可倒读。此图根据前秦女诗人苏惠写给其夫窦滔的《璇玑图》绘制而成，描写了苏惠夫妇生活的点滴，以及他们从琴瑟和鸣到分别的场景。

**苏惠回文凯旋诗（局部）**

明代，绢本设色
311.8厘米×25.6厘米
纽约大都会艺术博物馆藏

四月，文徵明跋仇英《夜宴图》。嘉靖十三年（1534），文徵明书《宫蚕诗》于仇英《宫蚕图》卷。嘉靖十八年（1539），文徵明为仇英《春江图》题跋，其中言道："嘉靖己亥六月十三日，偶避暑于竹林精舍，石峰毛君出仇实父所画《春江图》，精妙入神，索余题之。遂录二作于后，仓卒应命，殊觉芜赘可笑。"嘉靖十九年（1540），文徵明题仇英《双骏图》，录米芾《天马赋》。嘉靖二十年（1541），文徵明为仇英所绘《清明上河图》题跋。嘉靖二十一年（1542），文徵明跋仇英画《虢国夫人夜游图》，同年文嘉为仇英摹《倪瓒肖像图》题跋。同年，文徵明为仇英所作《赵孟𫖯写经换茶图》卷书《波罗蜜多心经》，次年文彭题识，再次年文嘉题识。嘉靖二十五年（1546），文徵明题仇英《孝经图》卷，其中称道："此卷乃实甫所摹王子正笔也。人物清丽，树石秀雅，台榭森严。画中三绝兼得之矣。国光兄宝而藏之，出而示予者三。予遂心会其意为录《孝经》一过。徒知承命之恭，忘续貂之诮何。时嘉靖丙午二月改定。"这是文徵明第二次题仇英《孝经图》，第一次是在1531年，那幅图已遗失。嘉靖二十八年（1548），文徵明录李东阳《跋宋张择端清明上河图记》于仇英摹本；同年，文徵明又题仇英所摹赵伯驹《丹台春晓图》。嘉靖三十一年（1552），文徵明再跋仇英《职贡图》，云："近见武克温所作《诸夷职贡》，乃是白画，而此卷为仇实父所作。盖本于克温而设色者也。观其奇形异状，深得胡瑰、李赞华之妙。"这幅《职贡图》有可能是仇英的最后一幅画,因为文徵明的学生彭年在此图上也有题跋,其中言道:"右《职贡图》,十洲仇君实父画。实父名英,吴人也。少师东村周君臣,尽得其法,尤善临摹。东村既殁,独步江南者二十年,而今不可复得矣。"既言"不可复得",可以推定仇英死于本年。由此我们也可看出,文徵明跟仇英的交往,自从相识之后,就一以贯之,直至仇英生命的尽头。仇英不仅与文徵明相熟,跟他的两个儿子文彭、文嘉及文徵明的一众学生如彭年、陈淳、陆师道、张凤翼等也有交往。故而仇英在绘画风格上,也就不可能不受到文徵明一派画风的影响,特别是文徵明的"细文"笔法,使仇英孕育了自有其风格的青绿山水。我们可以从不少仇英的早期作品中,看到他吸收了文徵明的画面构图平稳、笔法简约柔婉、敷色清淡等艺术手法的印迹。仇英因为师承周臣,一向被视为南宋院体一派,但和文徵明等人的关系,又使其作品染上了明显的文人画的笔墨情趣。

# 三

接下来我们不妨再来看看仇英跟唐伯虎的关系。之所以将他们进行比较，在于其二人皆出于周臣门下，又同属于"明四家"，并且在画史上也常常同被归为"浙派"或"北宗"的画派体系之中。如董其昌《画禅室随笔》中曰："李昭道一派……盖五百年而有仇实父。"明确指出仇英属于北宗。而张丑《清河书画舫》则云："皇明画学自刘廷美开山之后，当推沈启南为广大教化主，如唐子畏之清真，文徵仲之古雅，足可南宗北派也。"则点明文徵明、唐寅分属南北二派。

从出身上看，无论唐伯虎还是仇英，都不是出于显贵之家，幼小时期也都吃过一些苦头。但相比较而言，唐寅的家境尚称得上是小康。唐寅的父亲唐广德以开酒食店为业，生意一直不错，唐寅虽然偶尔也要帮忙，但至少衣食是无忧的，而且唐家祖上军功赫赫，并非世代布衣。唐氏的先祖从前凉的陵江将军唐辉开始徙居晋昌，后世代为晋昌太守，或封晋昌公。隋末唐俭跟随李渊起兵，功勋卓著，唐立国后封其为莒国公，其

苏蕙回文凯旋诗（局部）
明代，绢本设色
311.8厘米×25.6厘米
纽约大都会艺术博物馆藏

图像绘于凌烟阁上。明代又有唐泰为兵部车驾主事,死于"土木堡之变"。从这些资料看,唐广德虽然是开饭店的,但跟一般的商贾之徒仍然有些不同。故而唐广德对于唐寅的期望,也就跟一般仕宦之家无异。他一生都盼望唐寅能够考中科举,平步青云,光宗耀祖。因此,唐寅虽然不曾接受过什么正统的教育,但从小却是读了不少诗书的,而且他也很早就受到当时名倾朝野的书画大家沈周的青睐,得以时常随行左右,又有祝枝山、张灵等好友日夜相伴,时常相互交流、激荡身心,所以其性格和志向自然不凡。相比之下,仇英从小就做漆匠,通过劳动养家糊口,一日不出工,可能就全家饿肚皮。这种生活,可以说是十分恶劣而可怕的。这使仇英养成了吃苦耐劳、默默耕耘的性格。他不喜欢到处张扬自己,以免招惹是非。即使日后在画坛闯出了一片新天地,也保持着谨慎寡言的风格。由于家贫,仇英没有进过私塾,也就不可能有深厚的文化素养和远大的政治志向,所以他对于科举毫无奢念,只是一心一意地学习绘画。唐寅才高八斗,除了绘画外,诗文也极精通,所以从小被目为才子,日日燕舞莺歌,好不风流快活。而仇英则只能于暗夜的灯火中摸索作画,在清冷的月光下陶冶身心,在这种情况下,唐寅和仇英的画风当然也会有本质上的不同。

从人生道路上看,唐寅的经历可谓一波三折,充满了戏剧性。他29岁时高中省试第一,那时他骑着高头大马是何等的威风凛凛,其寻花问柳、虎丘行乞、石湖嬉戏,种种潇洒不羁

苏惠回文凯旋诗（局部）
明代，绢本设色
311.8厘米×25.6厘米
纽约大都会艺术博物馆藏

之状，直至今日还流传于人们的唇舌之间。偏偏造化弄人，意气风发的他被卷入科场案中，不仅遭到严刑拷打，还被贬为小吏，永远剥夺功名。唐寅经此一辱，从此心灰意懒，更加放荡江湖。原也曾思量归家著书，流芳百世，但晚年却又禁不住诱惑，被宁王朱宸濠以重金聘用，到南昌后，目睹宁王种种造反的行径，虽能以疯癫诈狂，骗得善终，但已给自己的一生蒙上阴影。一代才子，最终落得个惨淡收场。相比较而言，仇英虽然年少家贫，地位不高，但中年以后运气好转。多年的闯荡使他在画坛上闯出了一片新天地，他不像唐寅等心高眼大，视书画为小道，而把自己全部的精力都放在绘画上。许多富家、收藏家纷纷请仇英作画，因此他长期客居东家家中，如昆山富家周凤来、嘉兴收藏家项元汴、苏州富家陈官等。他的生活环境越来越好，晚年得以善终，一生也可谓圆满了。虽然这种圆满在某种程度上说，也略显无趣。

在绘画艺术上，唐寅虽比仇英大三十岁左右，但他们都曾经拜老画师周臣为师。周臣的画属南宋院派，主要继承了李唐、刘松年、马远、夏圭等人的画风，用笔刚健有力，皴法多用侧笔斧劈皴，水墨渲染酣畅淋漓，善于表现山石的厚重质感。王穉登曾称其"画山水人物，峡深岚厚，古面奇妆，有苍苍之色，一时称为作者"。不过周臣的画也有个缺点，就是粗犷有余，而精微不足。因为这一点，也常常遭到一些文化素养颇高的人的诟病。唐寅与周臣之间，与其说是纯粹的师生关系，莫若说是介于师友之间。因为唐寅不仅在名气上超过周臣,而且他对于周臣的画,也常常会发表一些批评性的看法。如他在《与周东村(论画)》中说道:

> 今以画名者甚众,顾不重意,又执一家之法,以为门户,此真大误也。夫人之学画,无异学书,今取钟王虞柳,朝夕临摹,久必仿佛。至于大人达士,不局于一家,必兼收并览,自成一家,然后为得。

周亮工《读画录》评价:"子畏(唐寅)学画于东村而胜东村,直是胸中多数百卷书耳。"后来甚至到了唐寅因为应酬太多,无暇作画以供索画之人,反而让周臣代笔的程度。至于周臣自己,也很老实地承认因为自己读书不多,所以在绘画上缺乏唐寅那种细腻灵动的笔触。这对师徒之间的关系,可谓十分微妙。唐寅本人的画风纤细巧妙、清雅秀逸,远宗李唐、刘松年,兼学赵伯驹,又旁参赵孟頫,因为跟沈周交往密切,自然对沈周的画法亦有参考,跟周臣本人的精细而又豪阔自有不同。加上唐寅本人的文学修养极高,书法造诣亦深,其画往往与诗、书、文交相辉映,充满了文人画的意趣。再说到仇英,他师从周臣,当然也受到南宋院体的影响,画风中那种坚实的造型能力和雄劲的笔墨技法,都得益于周臣。但他并未像一些浙派后期画家那样，走入一味追求豪放纵肆的末流之中，而是顺应艺术风气的嬗变潮流，不失时机地向吴派艺术风尚靠拢。仇英根底扎实，善于从历代名画家的作品中汲取营养，故而后来竟有自成一家的气势。如果说唐寅的绘画如同孤舟出没于山川洪流之中，奔腾跳跃；那么仇英的作品就宛如一叶静舟，在柔和的月色下缓缓前行。他用笔含蓄，设色均匀，而工笔重彩更是他最为擅长的方法。他的人物画、历史故事画和仕女画，都有着浓重的古典主义倾向。在文人画席卷一时的情况下，仇英的画令人惊讶地呈现出市井和士人的不同风貌。

画史上没有记载周臣是怎么结识仇英的，不过我们猜想，很有可能是出于文徵明的介绍。嘉靖二年（1523），唐寅逝世，一代才子的文采风流就此终结，而这一年文徵明也以岁贡入京，任翰林待诏。对于已与文徵明结下深厚情谊的仇英来说，心中自然是十分不舍。仇英经常借故跑到文徵明家中，向文徵明请教作画的技巧，并在言谈之中流露出对前途的担心。而文徵明对于崭露头角的仇英也十分放心不下。唐寅既逝，祝枝山也重病缠身，当时苏州画坛除了周臣之外，更无第二人可以托付。他让仇英带着自己的画前往周府，亲自推荐。文徵明的面子周臣当然不好意思不给，况且他看了仇英所作《送朱子羽令铅山图》，认为其气魄不凡，大有前途，便欣然同意收下仇英，作为继唐寅之后的又一弟子。周臣不曾想到，他无意中收的这两位弟子，日后竟都青出于蓝胜于蓝，为南宋院体一派展现出不同以往的风采。

仇英自得到周臣指点后,绘画技巧突飞猛进。仇英是极其认真之人,他临摹历代名画,一丝不苟,几可乱真。他绘画的时候,即使耳边有丝竹之声,身边有歌伎之美,也充耳不闻,视而不见。我们虽然找不到很多关于仇英勤奋学画的资料,但画为心声,从他留下的一些画作中,我们或许可以窥见其辛勤学艺的痕迹。如摹《清明上河图》中,有一个穷画家在裱画店的一角,对着街景旁若无人地作画,这可能就是仇英的真实写照。他刚到苏州的时候,以漆匠为生,后来小有名气,经常在街头写生绘画,等到画完后再交给书画店装裱出售。后来和书画店混熟了,店家便索性让他在店里占个位置,临窗作画。一方面可以让他静心屏气、不受干扰地作画,另一方面也有利于招揽顾客,就像如今酒吧中常有一些乐队一般。仇英既得良师指点,本人又勤奋探索,加上不断变大的名气,这些因素加在一起,使他就如一抹初升的朝阳,很快就要在满天云彩间脱颖而出了。

| | | | |
|---|---|---|---|
| 長兒孝敬<br>是以<br>持而念帳<br>厭慕 | 容卽敦俱<br>克思<br>雅和家遠<br>危疑 | 家無耆俊<br>月娟<br>華容陽雜<br>為妍 | 愛沾淚倚<br>日斜<br>香生芙色<br>雅妃 |
| 恭承謹念<br>所持<br>從是敬孝<br>克來 | 溢恩恭非<br>碩庸<br>扁孝念雅<br>謙豪 | 妍為雜恪<br>家華<br>娟月夜名<br>無芬 | 趁頻路陽<br>中情<br>嗟歎懷夢<br>所驚 |
| 疑慮違家<br>和雜<br>思克愼我<br>節容 | 家謙進念<br>孝思<br>唐荀陽綿<br>焉滋 | 芴郁色芬<br>生香<br>斜口倚人<br>沾袋 | 驚所夢懷<br>歎嗟<br>倚中陽路<br>頻趁 |

妾謄趙氏
飛燕寔生
趙豊皇后
戒在傾城

間南名佢
蜀窕淋婆
召南周風
與自后妃

清商嚶奏
頑人其頑
響滴清調
歌我衷衣

心壯志遠
憤激何詩
志壯心遠
一生著思

奸譖佞人
作乱國淮
佞譖奸党
宮我忠員

衛鄭楚女
歳御中閨
楚鄭衛姬
河廣思婦

結調宮徵
同柴相道
宮詞絃譜
感我情悉

華麗飾身
将興誰為
紛展華羽
俯仰容儀

禍在耶詩
惡惡驕盈
昨因禍譖
膺受聾明

長歌咏里
題路遠迤
咏歌長嘆
不能舍飛

華艷滿邑
冶容孤雎
溢艷華邑
華羽盛粧

心壯志遠
憤激何詩
有感惟詩
天日不愆

**苏惠回文凯旋诗（局部）**

明代，绢本设色
311.8厘米×25.6厘米
纽约大都会艺术博物馆藏

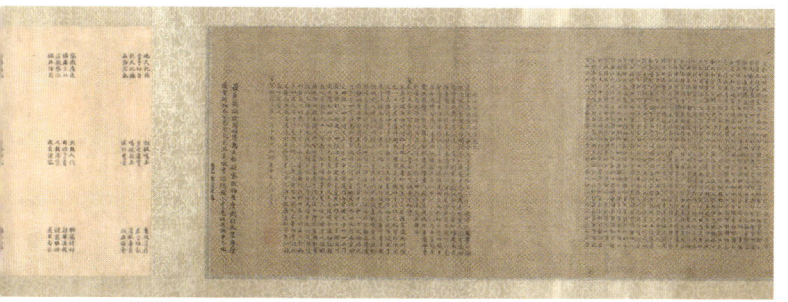

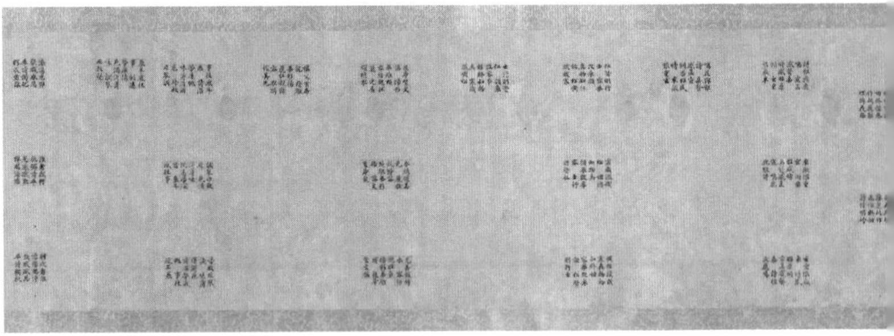

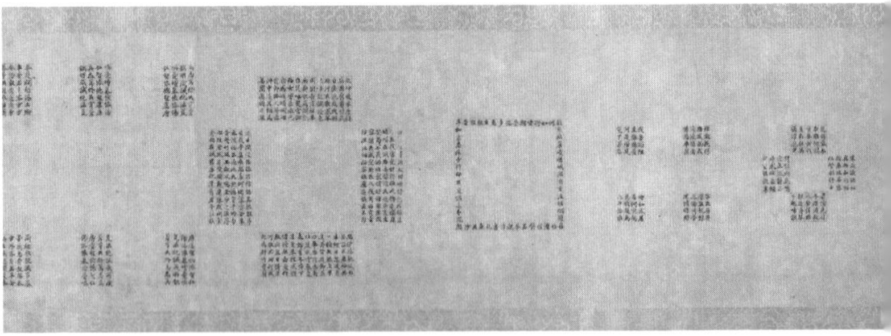

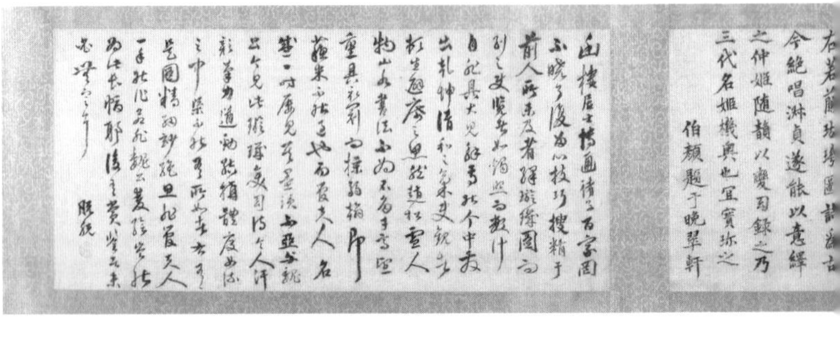
今絕唱淑貞遂能以意繹
之仲姬隨韻以變因錄之乃
三代名姬機與也宜寶玩之
伯顏題于曉翠軒

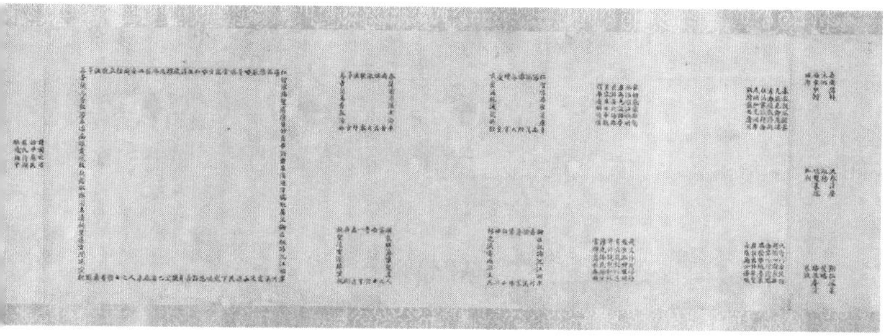

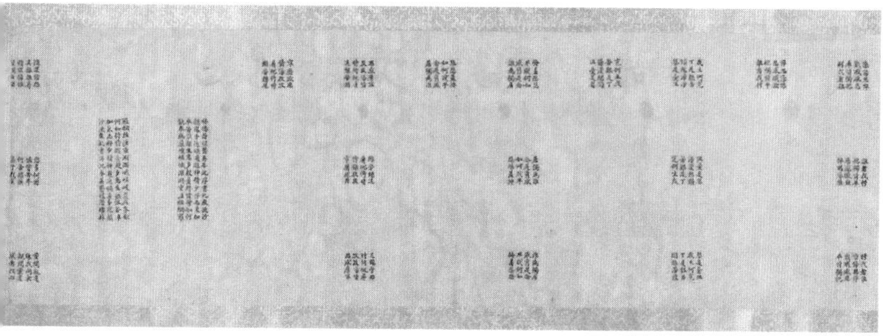

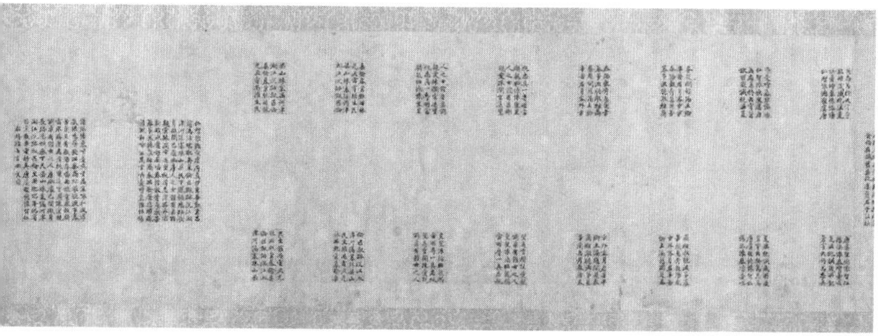

# 四

仇英早期作品不多，而且由于创作刚刚起步，在艺术上也是瑕瑜互见，并不是每一幅画都是传世佳作。但他是个脚踏实地之人，绝不为自己的偶然失手而焦躁不安，每次作完画，他都恭敬地把画作给老师周臣以及当时的名家观看，让他们进行评判。有时还远寄京师，请文徵明审阅。此外，他自己也会冷静地检讨，看在哪些地方还有改进的余地，又去找一些题材相似的古代名画进行对比，看看自己的差距何在。正是在这种不懈的努力下，他在山水人物画方面的才华慢慢展现出来了。在山水画方面，仇英一开始就选择了青绿山水，这是为了跟当时流行的文人画划清界限。所谓文人画，通俗来说，即那些充满诗情画意和士大夫的高雅情趣，往往诗书画合一的作品，当时吴中的大部分名士都是此方面的高手。但对于仇英来讲，他几乎没受过什么正规的教育，又常年在市井谋生，虽然心中未必没有向慕之意，但要他一下子就变成一个充满知识素养和情趣品味的文人，也未免太难为他了。他一生几乎都没写过什么诗词，书法也只是一般的工匠水平，勉强题两个名字还可以，多写几字就露出马脚了。我们常说"书画相通"甚至"诗画相通"，认为中国古代的艺术门类是相通的，事实上也是如此，但也有少数例外，仇英就是其中之一。他的绘画在中国古代绘画史上占有重要一席，但是他的书法甚至没有人提起过，至于文学才华，那更是跟他八竿子也打不着的事。前面说过，仇英是一个很踏实的人，这种人做事情有个特征，就是一板一眼，很讲究计划。他知道自己没有文人画方面的才华，也就索性放弃，绝不因为世俗的喜爱而勉强去做，这正是他的聪明之处。仇英采取的策略是从青绿山水入手，博采众长，自成一家。他吸取文徵明的"细文"笔法、周臣的院体特色，又深入赵伯驹、赵伯骕、赵孟頫之室，并远袭李思训、李昭道之风，造就了自己的独特画风。在具体的场景上，他更是有所选择地借鉴前代高手的笔触，诚如张丑在评点仇英的《湖上仙山图》时所言："山石师王维，林木师李成，人物师吴元瑜，设色师赵伯驹，资诸家之长而浑合之，种种臻妙。"

青绿山水可以说是一种高古画法，如果追溯它的来源，画史上尚未有实据来证实其产生的年代。但我们如果从青绿山水最初所使用的材料——石青与石绿（其产地位于远离中原的西域和中亚）来分析，或许可以断定，它也许是伴随着佛教艺术而东来。青绿山水的大发展在唐代。李思训父子继承了六朝、隋代以来山水画的色彩表现形式，借鉴前人小青绿的设色法，

此图描绘了元初大书画家赵孟𫖯写《般若经》与和尚换茶的故事。工笔设色，画法细密，兼带拙味，如人物衣纹用高古游丝描，稳健潇洒中略见涩笔，工中兼拙。人物神情优雅高古，具有文人意趣。

赵孟頫写经换茶图
明代，绢本设色
110厘米×22厘米
美国克利夫兰博物馆藏

施以大青绿，用泥金勾线，创成了以"青绿为质、金碧为纹"的"金碧山水"画。但随着后世水墨画技法的迅速发展，青绿山水逐渐被边缘化，除了赵孟頫等人偶尔有过惊鸿一瞥外，一般的画家在此方面再无贡献。直到明代，文徵明发展出"细文"一类的山水笔法，才算是重振了青绿画风。文徵明所用的青绿画技从画法上讲属于"小青绿"，即"敷彩简淡，轻拂丹青"，常故意隐去部分墨染，设色多青绿重彩，笔触明练，于鲜丽中见清雅。仇英既与文徵明交情不浅，当然也熟识这种技法，但他出人意料地没有拘泥于此，而是远宗李思训父子乃至隋代展子虔等人，以工笔、设色和繁复见长。当然，仇英最初采取这种画风，可能跟他文化根底浅，难以把握文徵明那种细润如丝、颇具文人特色的画风有关。随着仇英在绘画技艺和文化基础上的突飞猛进，到后来他在青绿山水方面已经卓然大家，甚至超过了文徵明。他尝试着用工整的界面技巧将文人画所提倡的意境和繁复的设色风格熔为一炉，给人以洗练清新的艺术感受。明末书画大家董其昌就曾经非常佩服地称道："李昭道一派（青绿山水）为赵伯驹、伯骕，精工之极，又有士气。后人仿之者，得其工，不能得其雅，若元之丁野夫、钱舜举是已。盖五百年而有仇实父，在昔文太史（徵明）亟相推服，太史于此一家画，不能不逊仇氏。"

仇英的青绿山水画在表现手法上，有青绿和小青绿之分。在设色上除石青、石绿的大面积使用外，还堆金沥粉，使画面呈现出金碧辉煌的效果，给人目眩神摇的感受。特别是他的一些较为纯正的大青绿山水画，在描绘山石的时候往往不用细皴，而用青绿重色染石面，然后每一块面再加以石绿，或分以石膏，使各处山色都成绿色但又判然有别。其《九成宫图》《桃源仙境图》皆属此类。大凡画青绿山水者，都会遇到一个问题——如何将那些浓艳的色彩跟画面的整体感觉相搭配？在这方面仇英也有独到的解决之道，他运用墨轮廓线来分割不调和的色块，将色彩的节奏、气韵表现得恰如其分。一些看似奔放不羁的色块在这些墨线的约束下也变得安分起来，这就起到了调和的作用。中国古代的文艺作品大多强调中和之道，仇英的青绿山水可谓达到了静与动、艳与雅的整体和谐。

在山水画方面，仇英早期创作了许多以苏州园林为题材的作品。既有纪实性较强的《虎丘山图》，也有幻想性的《园居图》。《虎丘山图》描绘了当时虎丘山的繁华景象。虎丘自古即为苏州盛地，

◇ 李昭道
675—758
字希俊
唐代画家

据传他的作品有《明皇幸蜀图》《春山行旅图》，但很有可能是后人的摹本。

桃源仙境图

明代 绢本设色
66.7厘米×175厘米
天津博物馆藏

此图取材于东晋诗人陶渊明的《桃花源记》,是仇英青绿山水的杰出代表作。画面上远景峰峦叠起,白云缭绕在山间,楼阁若隐若现;近处有三位白衣雅士抚琴而坐,悠闲畅谈,两位书童尽心随侍,体现了文人雅士追求的世外桃源。

苏东坡曾有感慨，到苏州如果不到虎丘，可谓虚此一行。但虎丘真正成为大众的游乐观赏之所，却是从明代才开始兴起的。仇英此图将虎丘的庄园景点按实景安置为依山傍水，将江南的天然山水跟人造的虎丘山庄融合成一体，并着意突出庭园部分的主要景物，如剑池、山石、虎丘塔等，在工整的布局中，仇英又加入了许多现实的内容，如沿着山路布设了许多茶馆酒家，还有来往船只、纷杂游人，这样就带有很强的风俗特色。而画家青绿山水技法的大量运用，也使画面除了显得精致外，还展现出风情万千。与《虎丘山图》比，《园居图》却并不以精细见长。这是因为仇英的老师文徵明在此方面已有如《拙政园图》之类的佳作，若论笔触细腻传神，仇英自愧不如。所以他立意以野趣为主，用浪漫主义的手法，在园林上加设了许多自然的山水，这样就使得一向被视为人工艺术之精粹的拙政园，刹那间变得活灵活现、动感十足。拙政园主人王献臣本来为一仕途失意、归苏州隐居的士人，所以仇英此举，十分合他口味，不禁大加赞赏。从画面效果上看，仇英以工笔重彩绘制《园居图》，给人以空蒙苍茫的感受，却又隐隐有金风细雨扑面而来的美感。

仇英的另一部分山水画，则是以江南苏州山水为蓝本而创作的。如《江南春图》《青绿山水图》，描尽了江南的旖旎风光。而《林亭佳趣图》和《梧竹书堂图》，更可以说是仇英早期山水画的精品之作。《梧竹书堂图》是表现文人在山林草堂里读书赏景的幽雅生活,这也是当时文人画中书斋山水的主题,从中可以看出文徵明对仇英的影响。这幅画画面平整,突出近处的书堂,一文人悠闲地坐在靠椅之上,书桌上堆了许多书籍,他好像在读书,又似在沉思,过了一会儿,又开始观赏四周大自然的美景,十分怡然自得。书屋的四周丛竹绕屋,梧桐参天,隔河烟云笼竹,峰峦起伏,石泉泻崖。前后景衔接紧密、层次分明,体现出宁静平和的意境。图中山峦、岩石、树竹、屋堂的描绘运用了工整细致的笔法,皴笔多顿挫方硬,山石皴法兼施短笔皴、钉头皴和侧笔折带皴,行笔灵活,水墨的渲染虚和浑融,墨色的层次变化微妙。这些笔墨方法除了吸收文徵明细笔山水的技法外,还兼带有一些唐寅峭利灵动的笔风,由此可见对于这位师兄的绘画,仇英想必也曾下过一番苦功研究。又如《林亭佳趣图》,这是另一幅仇英早期的仿文人山水之作。全图分三景,前景是典雅的苏州园林山水、小桥流水,河中放生鸳鸯,堆叠的山石妙趣横生,朽木环绕于前,连岸边栽种的丛丛萱草也历历在目。中景有数间草堂,曲折的回廊连接着草堂和其他景色。在草堂里,有一高士正倚榻休息,一童子则捧书行于庭中。后景同是远山垂瀑,林中隐现辉煌的宫廷建筑群。整幅画首尾相连,相互呼应,用笔谨严,赋色雅丽,明显是模仿文徵明而作,体现了仇英除青绿山水画外的另一种山水画风。

　　除了青绿山水,仇英早期还涉足人物画。从中国画史的发展过程来考察,明代是人物画的低潮期。当时的士大夫虽然也

**梧竹书堂图**

明代 纸本设色
57.2厘米×148.8厘米
上海博物馆藏

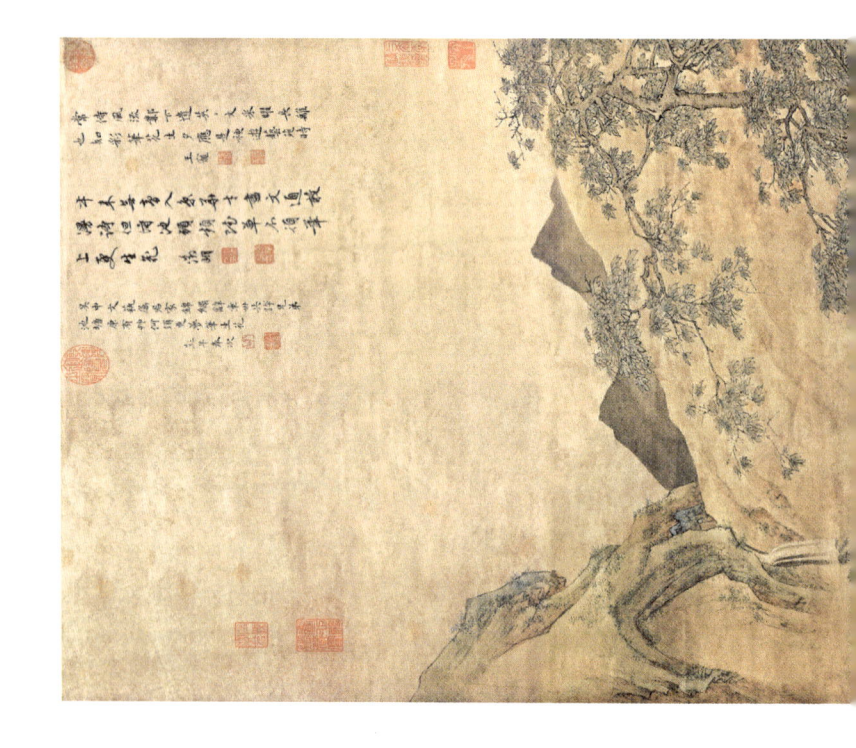

士人安坐在宽敞的书屋内，神态安详，似乎是读书读累了，稍作休息，积攒精神。一阵风吹过，听见屋外梧桐、翠竹飒飒作响，令人心旷神怡。

画人物，如唐寅的仕女图即颇有声誉，但从主流方向而言，大部分画家都以画花鸟、山水为时尚。仇英也正是看准了这一点，特别选择人物画作为突破口，这不能不说是匠心独运的选择。

仇英的人物画用的也是工笔重彩，这在他的早期作品中已有明显表露。他的人物画造型准确、流丽生动，布景娴雅幽濬，反映出鲜明的时代特色和艺术个性。特别是他的重彩仕女图，用笔细润绵密，精工妍丽。明代姜绍书的《无声诗史》称："英之画秀雅纤丽，毫素之工，侔于叶玉。"仇英的人物画"发翠毫金，丝丹缕素，精丽艳逸，无惭古人"，仕女画"神采生动，虽昉复起，未能过也"。明人谢肇淛的《五杂俎》对仇英人物画的品位给予了恰到好处的评述："仇实父虽以人物得名，然其意趣雅淡，不专靡丽工巧，如世所传《汉宫春》，非其质也。"这就是说，仇英的画虽然精巧细腻、栩栩如生，但并不给人艳俗的感受，而是隐隐含有儒雅之气。其笔下人物线条细劲有力，常含疏散之风，在秀雅纤丽中给人带来飘逸之感。仇英用笔繁复，常能根据粗细不同的笔触来表现不同的对象，更是为"明四家"其他三家所不及。在普遍萎靡不振的明代人物画坛，仇英以杰出的作品弹奏出时代的最强音。

仇英早期的人物画代表作有：与文徵明合作的《摹李公麟莲社图》《孝经图》《汉宫春晓图》《衣锦还乡图》等，与王宠合作的《竹林高士图》。其中《孝经图》为仇英绘画、文徵明书以楷书《孝经》。此图描写一学士衣锦还乡后，叩谢父母养育之恩，而父母则教导孩儿不要忘了祖宗和世间受苦受难的百姓，要多为乡里做点事。画面两旁都是乡民在辛勤地收割、耕耘，这是古代画家所乐于表现的题材。此画有款，"仇英临李如璋笔"，说明仇英作画时是有所本的。而观其刚劲有力的用笔，也近于院体一派风格。但是仇英在此基础上已有所发挥，特别是在线条的勾勒上，充分吸收了文徵明一路的细笔画风，从而给人清秀俊美的感受。而另一幅《汉宫春晓图》则是仇英的代表作之一，画家借皇家园庭殿宇之盛，以华丽的笔触，描绘春季宫闱中嫔妃们的日常生活，画中有一百余人。画中可以看到有的嫔妃在让画家绘制肖像，有的在伏案读书，还有的在梳妆、在奏乐、在闲谈、在斗草、在观书、在赏画、在刺绣等，更有引人注目的围棋活动，棋坪上布子寥寥，纵横棋道清晰可辨。每位嫔妃各具姿色，充满了活泼快乐的朝气。

在经历早年的艰辛岁月后，现在仇

◇ **谢肇淛**

1567—1624

字在杭

明代作家、官员

谢肇淛曾奉诏治理河道，成功后把治河经验写成《北河纪略》。

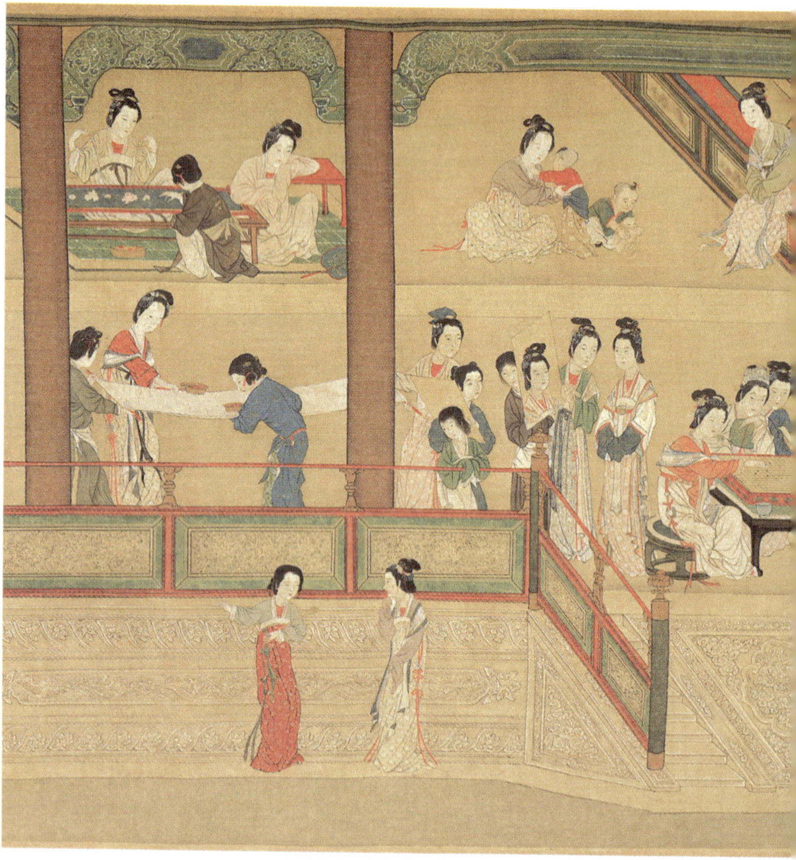

**汉宫春晓图（局部）**

明代，绢本设色
574.1厘米×30.6厘米
台北故宫博物院藏

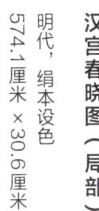

此画卷描绘了宫中嫔妃的生活，缓缓看来，嫔妃们的娱乐活动还不少，有组团奏乐的，自顾自舞蹈的，一起打扮的，携同看书的，举棋对弈的，熨烫衣服的，还有在逗玩孔雀的呢。画中佳丽个个打扮考究，秀丽典雅。此外，画中亭台楼阁、栏杆围墙均由界笔画成，精细入微。

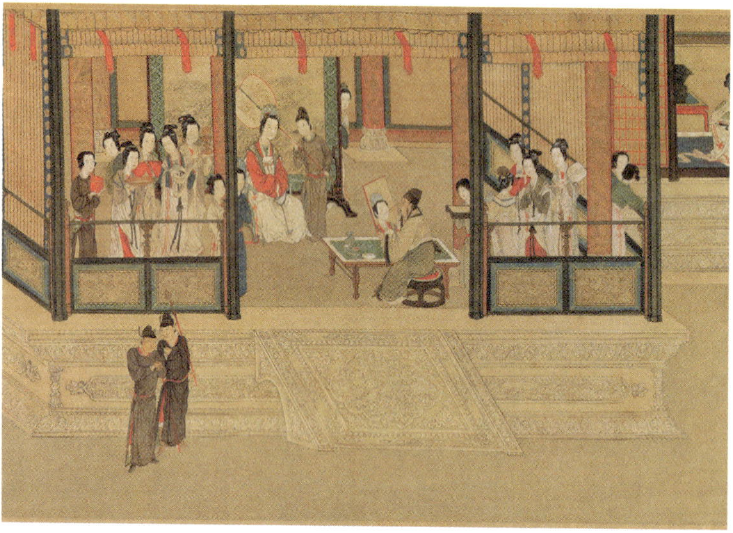

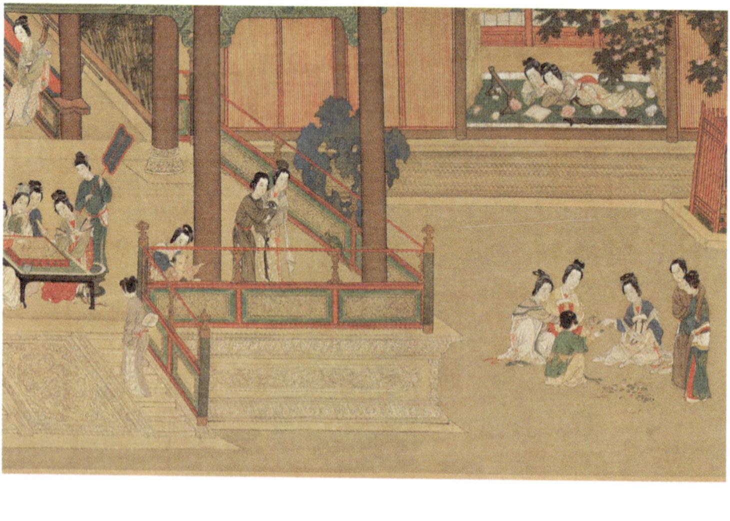

**汉宫春晓图（局部）**
明代，绢本设色
574.1厘米×30.6厘米
台北故宫博物院藏

英已经崭露头角，在苏州画坛上占有一席之地。他的许多绘画作品，为社会所接受，为商贾所争相购买。如果说他原先走的是一条羊肠窄道，那么现在展现在眼前的已是一片坦途。仇英已经基本解决了自己的生计问题，再也用不着去做辛苦的漆匠营生。他的交游范围也进一步扩大，不局限于文徵明父子及其学生，而开始和一批富商、收藏家相识，如项元汴、周六观、王献臣、徐宗成、朱子羽、溪隐、景溪、小洛等，这些人从某种程度上说成为仇英后半生的衣食父母。仇英长期客居富商、收藏家的家中，这一方面使他得以从容地生活、绘画，另一方面也给他的绘画风格带来某些新的嬗变，使他最终成功摆脱院体的束缚，成为别具风格的大家。

汉代刘歆曾在《西京杂记》中记载，汉元帝后宫佳丽太多，没法一个个召见，于是安排画工毛延寿去给她们画肖像，元帝看图召幸。本画中也有画工在为嫔妃们画肖像，看来毛延寿或许真有其人其事。

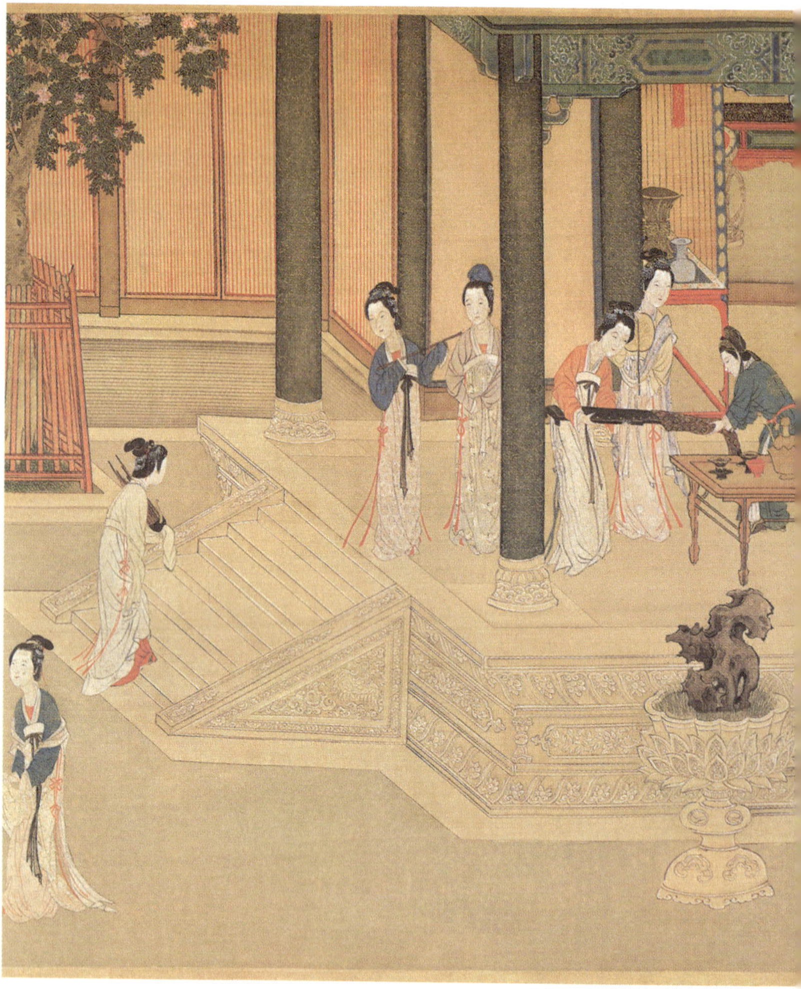

**汉宫春晓图（局部）**

明代，绢本设色
574.1厘米×30.6厘米
台北故宫博物院藏

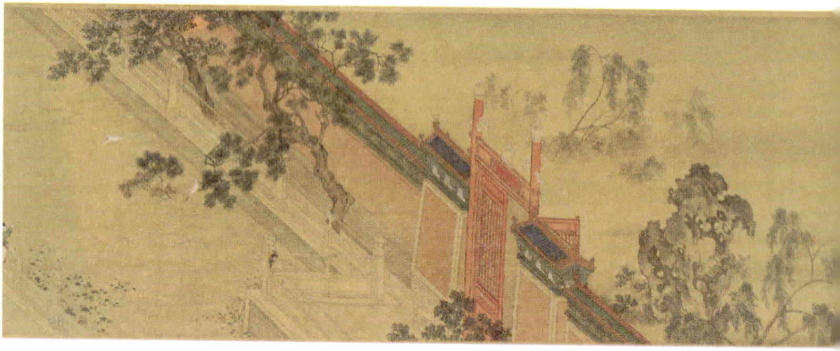

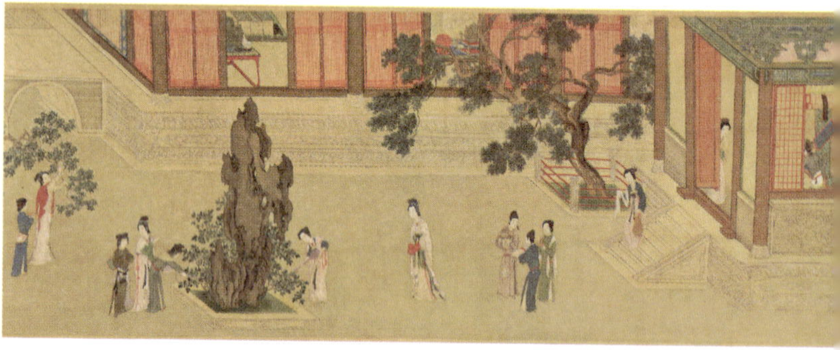

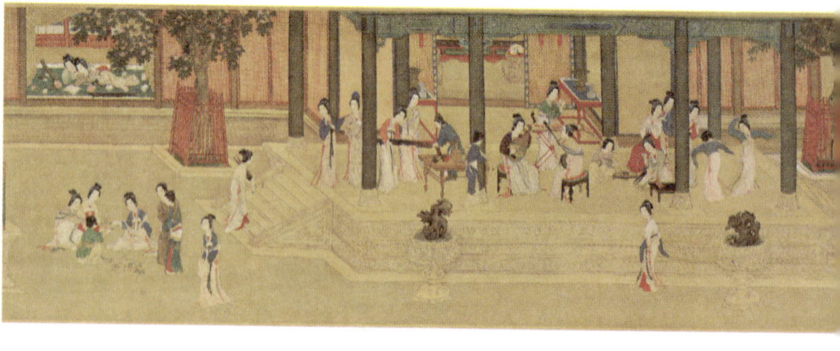

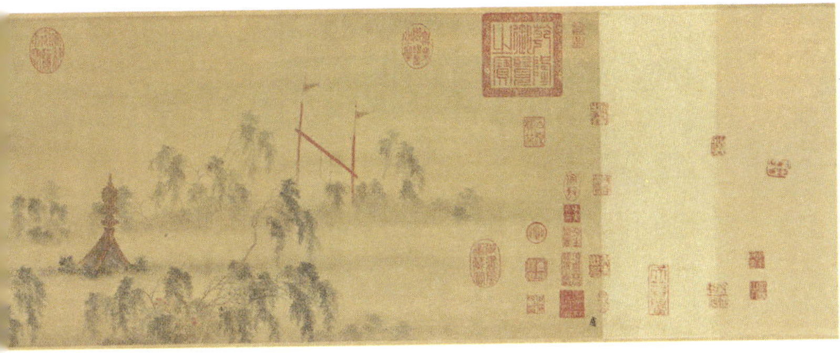

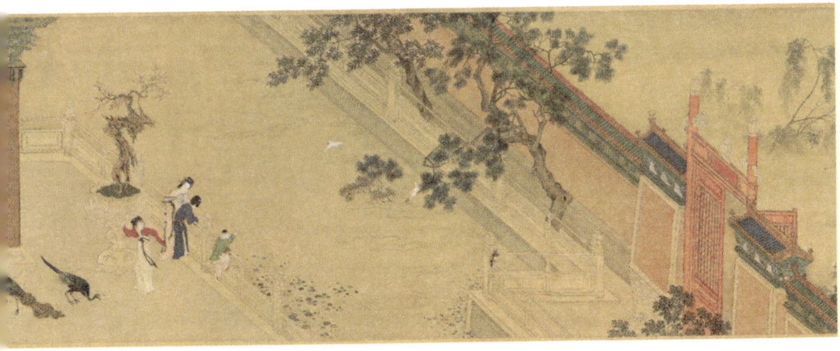

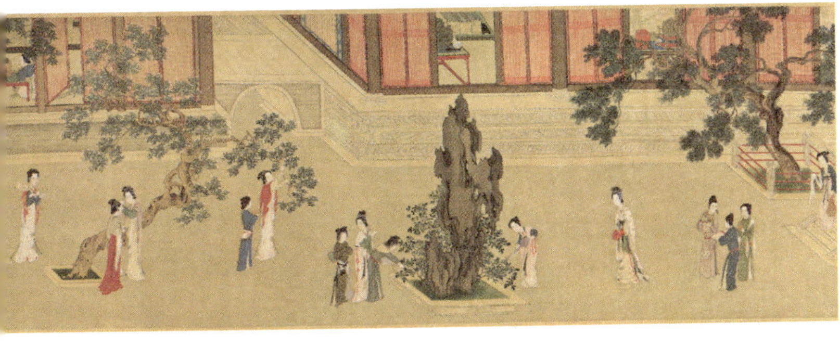

夫畫必華亡西心富必雅靈必蓮必慧
業用白描神妙具門實父精於繪事能
心北社年居甲子重貝玖芍竹製花元見岩嶌咯莉九一
蓋看其五篇芒竹製花元見岩存作漢
宣春晚文部侍之後世當与璇璣玦
琬同爲一炫矣
延陵吳美

張子俊皇名人自宋張畫院一家而
吳陳湯元和大儒逸此西裝華之
古苦難之人雖負枕寡文之實亦
重諸之者杉投片為大硯陵者学
世至於書琳璧琛珍延陵之言良
玆謹塵屋老浮堂奉院倫之為
帝皇搜工諸名擬兒佯字當里
褐吊妙多身寄為山相已親之
奉化朱俊

名顧欣歡欣誌之
單印鈕之

宮詞

太平天子朝迎州，萬歲宮中樂未休
供奉百官禮天地，殿前成隊蹴秋球
庭花日暖透簾櫳，院落沉沉蔭綠叢
熟睡美人初睡起，兩三侍女打頭風
御溝春日兩中深，紅芹花飛信色侵
為報多情不盡意，數紅黃葉落波中

**仿江楼阁图**

明代 绢本设色
42.1厘米×110.5厘米
台北故宫博物院藏

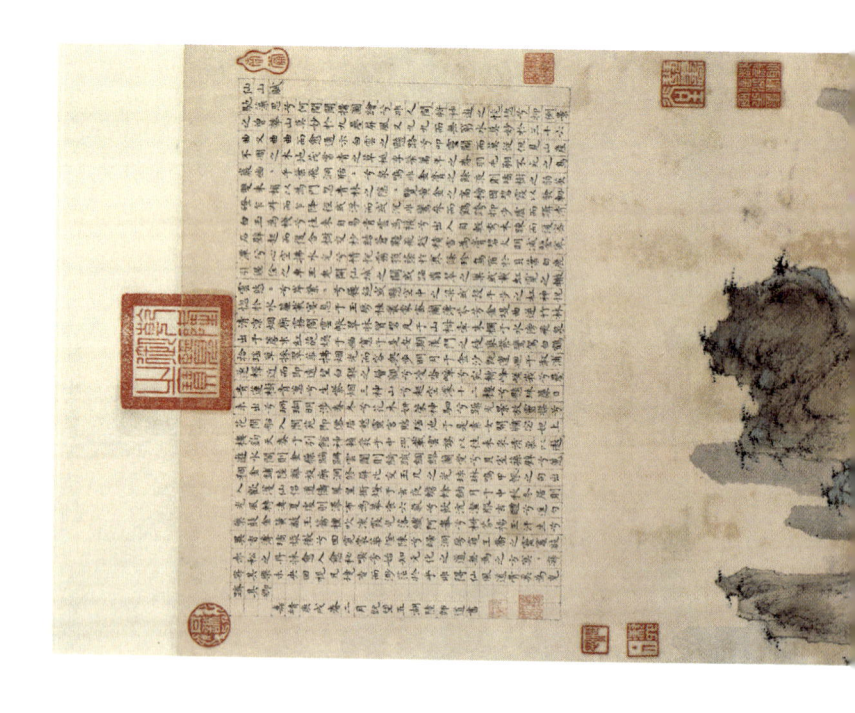

此画山高万丈，层层叠叠，左右对称的结构有微妙的平衡之感。山麓群松下，亭台楼阁点缀其中，有高士对坐交谈，一派超脱世俗的隐居意境。

# 第二章

# 锋芒毕露

闲来写就青山卖,不使人间造孽钱。

——唐寅《言志》

# 一

仇英在苏州画坛站稳脚跟后,开始受到许多追慕风雅的富商邀请,为他们作画。仇英的创作特色,一方面是临摹古画,足可乱真,这对于那些画商而言很有吸收力,因为这意味着在绘画市场上可以翻云覆雨;另一方面,仇英还有一个本事,他观赏古画,往往能够从中探究出历代服饰、器物、舟车和建筑的形制色彩。这些一般人都是从史书中考据而来,而仇英只需对着名画,仔细琢磨,便能将形制廓然于胸,以后自己创作同类题材时,就能依样葫芦,可谓出神入化。我们今天观赏仇英那些历史人物画册,会惊讶于一个读书不多的人居然能够将历史图景表现得如此真实细致,究其原因,在于仇英的天生慧眼和独特画才。仇英作画,不像唐伯虎等人洒脱挥霍,却是苦心经营,讲究工整、典雅,笔笔落到实处。他创作作品,很少有一挥而就的快意,而是需要时间的积累和认真的谋划。当时的富商和收藏家也似乎十分明白仇英的创作特征,他们求画通常不限定期限,反而让他在家中自由居住、自由发挥,又慷慨地让他观赏自己收藏的各种名画，以汲取养料。仇英从中年起直至离开人世，基本上都是在这些富商或收藏家的家中度过的。其中与仇英交往时间较长的有昆山鉴藏家周凤来、嘉兴大收藏家项元汴、苏州富商陈官等，仇英在他们家居住的时间，少则五六年，多则甚至达十余年。屈指一算，在并不漫长的一生中，他竟有接近一半的时光耽留在这些东道主家中，这在中国画史上也可算是很有意思的一种现象。

当然，仇英之所以选择栖身于这些富商或收藏家的家中，若仔细探究一下，也不难解释。首先，仇英出身于漆工，生活艰辛。即便到苏州城谋生，他也仍然从事着漆画的工作。到三十岁左右，他在画坛上闯出了一些名气，受到了文徵明、周臣等人的赏识和教导，这就使他的人生出现了新的转机。当时摆在他面前的有两条路，一是将绘画创作继续到底，最终成为一代名家，实现自己的人生理想；二是索性从此放弃绘画，凭借自己在漆画方面的娴熟技艺努力赚钱，等到稍有经济实力后，转变为作坊主。对于矢志学画的仇英来说，前一条道路是他乐于选择的，但是人生之途漫漫，谁又能保证他就一定能得偿所愿？在当时那种情况下，要想成为一名职业画家，又谈何容易！明代中叶以后，资本主义萌芽在苏州城萌发，经济的发展推动了各种文化产业的飞速前进。历来人文荟萃的苏州，书画业更是如日中天，大大小小的书画家不计其数。长期的耳濡目染，也使得苏州市民，特别是一些收藏家的眼界极高，非名家珍品不买，像仇英这种出身微贱的画家，更是很难获得人们的重视。即使他崭露头角，在画坛上有一定名声后，许多人对其出身仍有所顾忌。另一方面，仇英是个专职的画家，在书法和作诗文方面缺乏才华，这也常常使人诟病其文化素质，并进一步影响到对其画作的评价。世人大多是势利的，这种风尚即使是文徵明等人也不例外。仇英跟唐寅、文徵明都有交往，这可以从他们为仇英的画题字上看出来，而他们又都是著名的作家，生平诗文不计其数，但在这些作品中，我们从未看到仇英的影踪。显然，在某种层次上，他们也只不过是把仇英看作一个技巧纯熟的画匠而已，很难真正平等地和他进行内心的交流。他们更多的是带着一种提携人才的心态来对待仇英的画作。唐伯虎最初见到仇英的画，一时叹为观止，仇英之所以拜在周臣门下，除了文徵明的推荐外，他也出了不少力。但是他的性格注定他和仇英不可能成为要好的朋友，每次见面，仇英毕恭毕敬的举止也让他感到拘束，通常只是草草点点头便飘然而去。仇英对于唐伯虎潇洒不羁的举止也只是可望而不可即，他是一个天生以礼自持的人，很少想到要去突破礼法的束缚。在这一点上，他跟文徵明有些相像，这也是他们保持多年交往的原因。但不会诗文的问题，对于封建时代的艺术家来说几乎是致命的。由于传统观念的束缚，文人往往把书画看作诗文之外的余事，诗书是表达个人情志、报效国家的阶梯，而书画只是娱养身心、聊以自慰的手段，两者之间有着很大的区别。正因为

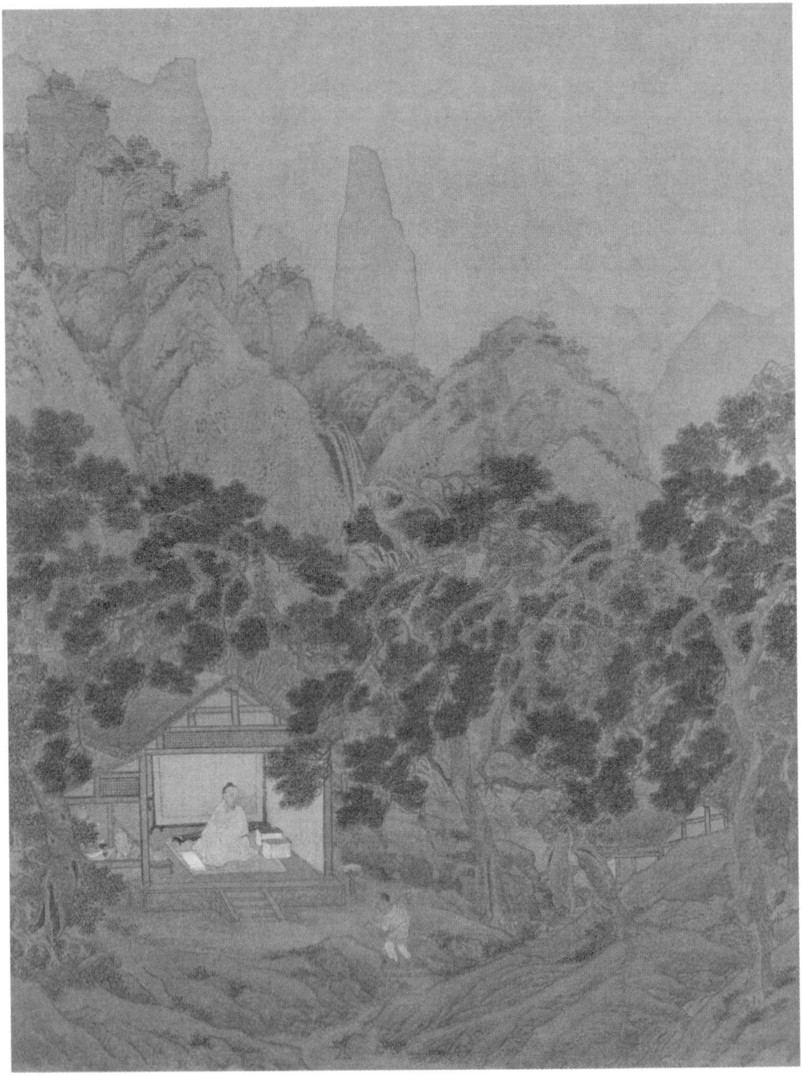

**人物故事图册·高山流水图**

明代，绢本设色
33.8厘米×41.4厘米
故宫博物院藏

如此，文徵明等吴中名士和仇英的交往，就显示出一种异常的不对等。他们常常会在仇英的作品上书写题跋，但仇英却从来没有得到过类似的机会。对于生性倔强的仇英来说，他的嘴上虽然不便明言，但内心中势必充满苦闷。一个艺术家不被世人认可是很痛苦的，我们不妨想想荷兰的大画家凡·高，以及明代的那位天才画家徐渭。由于个性关系，仇英当然不会有凡·高或徐渭那样痛不欲生的感受，但冲破封建门阀的限制，开创出自己的不凡人生，却成为他默志于心的一件事。所以，当看到苏州许多富商、收藏家都有书画嗜好时，他便自然而然地想到去投靠他们，借助他们在社会上的威望，推广自己的名声。毫无疑问，这是一条希望之路。说起来走这条路或许有些许人格自抑的因素，所以像唐寅等人是做不来的，但对于脚踏实地的仇英来说，这一步却有着分外不同的意义。生活在关闭一扇门的同时，常常会打开另一扇门。而仇英，就在这扇门将开未开之际踏了进去。

除此之外，仇英之所以投靠富家，还有另一个原因，即出于生计考虑。仇英出名以后，自然就放弃了漆匠的营生，而单靠在一般的市场上卖画，又能够赚几个钱呢？即使名气大如唐伯虎，写过"闲来写就青山卖，不使人间造孽钱"的豪迈诗句，晚年也陷入饥寒交迫之中，时常要向朋友借贷才能够维持生活。并且，仇英这时候也成家了，妻子徐氏是一农家女，又有了女儿仇珠。一家三口的嘴，全靠仇英卖画来维持，那日子当然是会过得非常艰难的。面对此种情况，仇英毅然选择栖身富商或收藏家之家，也算是一条明智之路。

# 二

仇英到了富商、收藏家之家后，除了根据主人们的要求，不时创作一些别具一格的作品外，自己还有大把空闲时间可以学习、临摹历代的名家佳作。这正是仇英梦寐以求的事情，他甘之如饴，往往一住经年，沉浸在艺术的海洋中。绘画是文化、经济、艺术、知识、传统的综合体，没有深厚的文化根基，要想在艺术上频攀高峰是十分艰难的。由于仇英缺乏作诗为文和书法的天分，一些文人雅士的交游基本上将他排斥在外，这对于时刻想成为一流作者的仇英来说，势必会心有不甘。从这个角度上说，仇英长期客居富商家、收藏家之家，对他的绘画风格的发展，也是大有裨益的。据史籍记载，仇英曾经客居过的富家和收藏家主要有三家：昆山鉴藏家周凤来，仇英居其家六年之久；苏州富商陈官，仇英生命的最后时光是在其家度过的；若要说仇英客居时间最久的，恐怕要数大收藏家项元汴的天籁阁。

项元汴，本籍洛阳，先祖项晋于北宋末随宋室来浙。南宋末，有项宏度者，隐居嘉兴胥山。至明代，项氏一族为嘉兴望族，家资富饶，名震一时。除了是大收藏家外，项氏一门四代善画，连同旁支群从，擅画者记入史册的有八人，项元汴、项德新、项圣谟、项奎皆名著中国画史，有嘉兴派之誉。据说项元汴曾经得到一架铁琴，上有"天籁"二字，所以项氏的藏书楼，便被命名为天籁阁。在当时，宋版书已经十分稀少，价格也很昂贵。但项氏只要听说有宋版书出售，都会邀请名家前往鉴别，一旦发现是真版，当即重金购置。姜绍书《韵石斋笔谈》称当时的"三吴珍秘，归之如流"，叶昌炽《藏书纪事诗》卷三更称天籁阁所藏，"海内珍异十九多归之"，可见项氏藏书之精富。除了藏书之外，项元汴在收集书画古玩上也是颇有盛誉的，特别由于自己就是书画家，深谙辨伪之道，所以收集了许多珍奇书画：唐代欧阳询的《梦奠帖》、怀素的《苦笋帖》、杜牧的《张好好诗帖》、卢楞伽的《六尊者像》、韩晃的《五牛图》，五代杨凝式的《神仙起居法帖》，宋代扬无咎的《四梅图》卷、李唐的《采薇图》，元代赵孟𫖯的《鹊华秋色图》、曹知白的《山水册》、倪瓒的《竹枝图》卷、王蒙的《葛稚川移居图》……这些传世名作中任意一幅都足以作为其他藏家的镇宅之宝，而它们竟然齐聚天籁阁。私人藏家有这样的手笔，历史上几乎无出其右者。不过项氏此人收藏有个毛病，就是喜欢显摆。据说他每得前代书画真迹，都会赶紧盖上自己的诸多收藏印，以表明归自己所有，还习惯性地将收购书画的价格记在画幅或书卷之

◇ 项元汴

1525—1590

字子京，号墨林子

明朝书画收藏家、鉴赏家

浙江嘉兴人。精于鉴赏、收藏，在书画上也有一定的造诣。他经常在收藏品与别人委托创作的画作上题上有感而发的诗句，还盖上自己的各种印章，因此曾被人讥笑："钤印累幅，犹如聘丽人却黥其面。"

末，希望后代子孙，都要珍惜宝物。这种做法显示了项氏的经济头脑和良苦用心，但却破坏了书画的整体艺术感，所以也颇为人所诟病，有人讥笑他生意人毕竟是生意人，那些书画又不是账簿，怎么能随便在上面填价目呢？

项元汴鉴赏之精，天下共称。其书画也算小有所成，唯独文章却是不入流。偏偏他又没有自知之明，每得到一些名画，就喜欢在上面题文抒情。传言他购得唐寅的名作《秋风纨扇图》轴后，在上面一题再题，长篇大论，让人看了十分不爽。但于项氏本人来说，也许倒是真情流露了。据说有些人喜欢项氏的画，又很怕他犯酸脾气在上面题拙劣的文，于是便想了个法子。每向项氏求画时，便用青钱三百，暗中贿赂其身边僮仆，让他站在项氏边上，一等到项氏画完画，立刻把画拿走，说是客人等不及，这样项氏想再抒抒情也无处可以卖弄。这就是所谓的"免题钱"，在当时传为趣谈。足见项氏为人，确实十分有个性。大凡

此图描绘了唐代"六逸"文士——李白、孔巢父、韩准、裴政、张叔明、陶沔等结社徂徕山的故事。他们游于古松长林下，众童侍立，共分为三组，或携浆，或持卷，或踞地正缚卷欲行，或倚树稍憩，或回首欲语。一童负琴与语，情态皆生动自然，古意十足。

人物故事图册·松林六逸图

明代，绢本设色
33.8厘米×41.4厘米
故宫博物院藏

人物故事图册·浔阳琵琶图
明代，绢本设色
33.8厘米×41.4厘米
故宫博物院藏

痴于书画者，常有些收藏怪癖，这也怪他不得。

在项元汴收购的藏品中，书法以王羲之的《瞻近帖》卷为最高，值二千金。历代名画中，则以仇英的《汉宫春晓图》为冠，值二百金。从这里我们可以看出，在当时一般人的心目中，书法还是比绘画更重要一些。这大概也是仇英虽为名画家但知名度始终不及"明四家"其他三人高的原因之一，其余三人都是书画兼工的。不过仇英的画以二百金拔得头筹，却可见项元汴对他的重视。如果对照文徵明的《袁安卧雪图》卷才十六两，唐伯虎《嵩山十景册》不过二十四金，仇英当时被项氏推重的情况，可见一斑。他的生活状况，甚至比当时名满天下的文徵明还要好得多。项元汴之于仇英，既是东家主，亦可说是难得的知音。

项元汴的年纪比仇英小了二十多岁，虽然他从十六七岁就开始收藏，但他认识仇英的时候，仇英应该已经有四十几岁了。他对仇英一直很尊敬，并给予最充分的自由让他随意创作，因此仇英在项府待最久。但具体年数则众说纷纭，有说五年、十年的，也有说长达三四十年的。流传较广的一种说法，出自项元汴的孙子项声表，他在跋仇英《秋原猎骑图》中说道：

> 仇十洲先生画，实赵吴兴（赵孟頫）后第一人，讨论余先大父墨林公帷幕中者三四十年，所览宋元名画，千有余矣。又得性天之授，餐霞吸露，无烟火气习，

*遂为独绝之品，声重南金……*

这种说法看上去有鼻子有眼，但实难征信。如前所说，仇英与项氏初交，已有四十多岁，而现在讨论的仇英卒年，虽无公论，但一般认为不会超过六十岁。仇英在项家所居时间，无论如何也不可能达到三四十年，所以项声表的说法恐怕也是揣测之辞。相对来说，吴升在仇英《沧溪图》中记云："檇李项子京收藏甲天下，馆饩十余年，历代名迹资其浸灌，遂与沈、唐、文称四大家"，相对靠谱一些。

# 三

仇英客居项元汴这样的大收藏家家中,真是如鱼得水,不仅在生活上优有余裕,而且可以博览群书,增长知识。当知识积累到一定程度后,仇英不禁跃跃欲试,开始尝试作一些历史故事画。前面说过,仇英天生有从古画中模拟物品形制的本领,这跟其日渐增长的历史知识结合起来,可谓如虎添翼。仇英中年以后,创作的历史故事画非常多,大约占其传世作品的三分之一。

仇英的历史故事画,一般以鲜明的人物形象为主线,汲取典型故事情节,再进行个人的创造。仇英又往往将深刻的寓意寄托其中,使故事与人物相得益彰。仇英绘制的历史故事画形式也是多种多样,有团扇、折扇、单页、插页、轴子、系列画册等,都以工笔重彩加以涂描,精致艳丽。画作主体是文人化的人物故事,外形却带有市井的通俗之气,堪称雅俗共赏。我们如果将仇英的历史故事画略作分类,则可以有以下五种类型:

其一是专门临摹的历史故事画。这一类型的作品在仇英画作中占了很大比重。仇英的特长是在大量的临摹中学习古人的基本技法，在局部中加以细微调整。这其实也是中国绘画的一种传统。历代临摹前辈名画的作品不知凡几，但人们一般不以抄袭视之，而是视为画家基本功力的一种展示。《临萧照高宗中兴瑞应图》是仇英临摹画的代表作。该图原为南宋萧照所作，项元汴家藏。仇英客居其家，有幸得见此图，即兴起临摹之意。现存该图，分为四段："射兔"，高宗带领一队人马以弓箭射兔；"授衣"，队伍在山林之间安营扎寨，高宗正在军营中更换衣服；"渡河"，队伍临近大河岸边，人们正策划着如何渡过河去；"占卜"，高宗的嫔妃们正在一亭子间列队拜神占卜，祈求神灵保佑高宗。仇英用笔粗健，设色精细，构图严谨，几乎与原作难辨真伪。不过如果细加观察，仍可分辨两者之间的细微差别。仇作中树石布局有所变化，绘制山石除套用原作者的小斧劈皴外，又加入了细密的点子皴和牛毛皴，从而附拓出灵秀婉和的美感。可见仇英在临摹中并不一味求得与原作相似，而是在模拟的同时也加入一些自己的创意。仇英此类作品的另一代表作是《临宋人画册》，这是仇英临摹宋人单页与团扇的合册。册上有项元汴的收藏印，推测可能是他在项氏家中观得宋人画册，然后对着原作临摹而成。其十五幅画内容分别为孟母教子、康成诗婢、昭君出塞、三顾茅庐、文姬归汉、羲之写照、高僧观棋、半闲秋光、嫔妃浴儿、傀儡牵机、婴戏斗蛩、村童闹学、鸂鶒松泉、鹡鸰梅竹、滕王阁，其中大部分是历史故事画。这

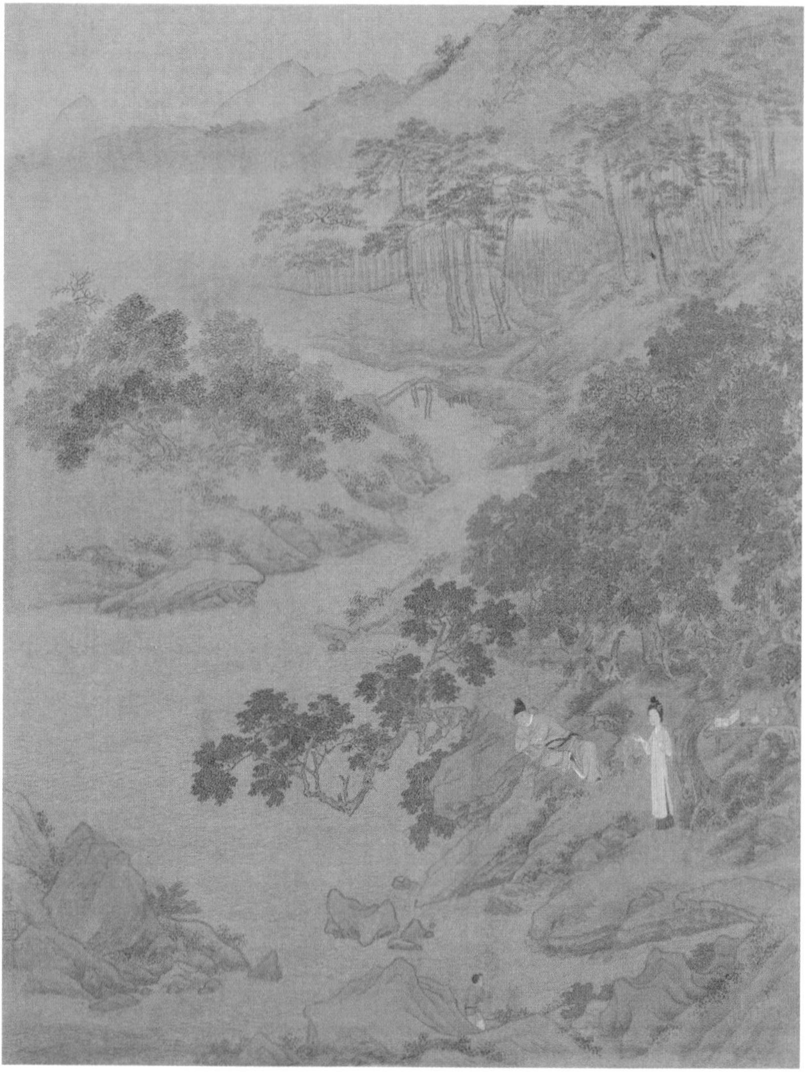

**人物故事图册·南华秋水图**

明代，绢本设色
33.8厘米×41.4厘米
故宫博物院藏

此图工笔细密，设色浓重却又柔和淡雅，别具一格。近树用大叶，设色明丽，山坡间以萋草，蓬松茂密。远树以点写成，色墨相和，蕴藉氤氲，且层次井然。水作波纹，细密而清晰，渐远渐淡。此图无论笔法还是构思，均臻化境，为仇氏精心得意之作。

些作品的原作尚有部分存于世间，两相对照，仇英的仿作神形俱似，几可乱真。这幅画册涵盖甚广，遍及历史故事、仕女、儿童、山水、花鸟、建筑等各种门类，从中可以看出仇英学习各种绘画技法的广泛性。在临摹中，仇英也借此掌握了宋人绘画中精细、一丝不苟的写生方法，为他以后的创作打下了坚实的基础。其中的历史故事画，更是光芒耀眼，如《文姬归汉图》《三顾茅庐图》都是令人叹为观止的佳作。

其二是历史故事及传说的描绘。在这一类历史故事画中，仇英往往对一个传说或历史故事，取其一点而加以笔墨渲染，突出某一个场景的意境，这其中多少有些受到文徵明、唐寅等文人画的影响。如《南华秋水图》就颇具代表性。此画取材于《庄子·秋水》，这是一篇较为抽象的哲理文章，其中以"秋水时至，百川灌河"为引子，论述了天地万物大与小、多与少、盈与虚、有与无的辩证关系，并引申至政治道德观念——常与

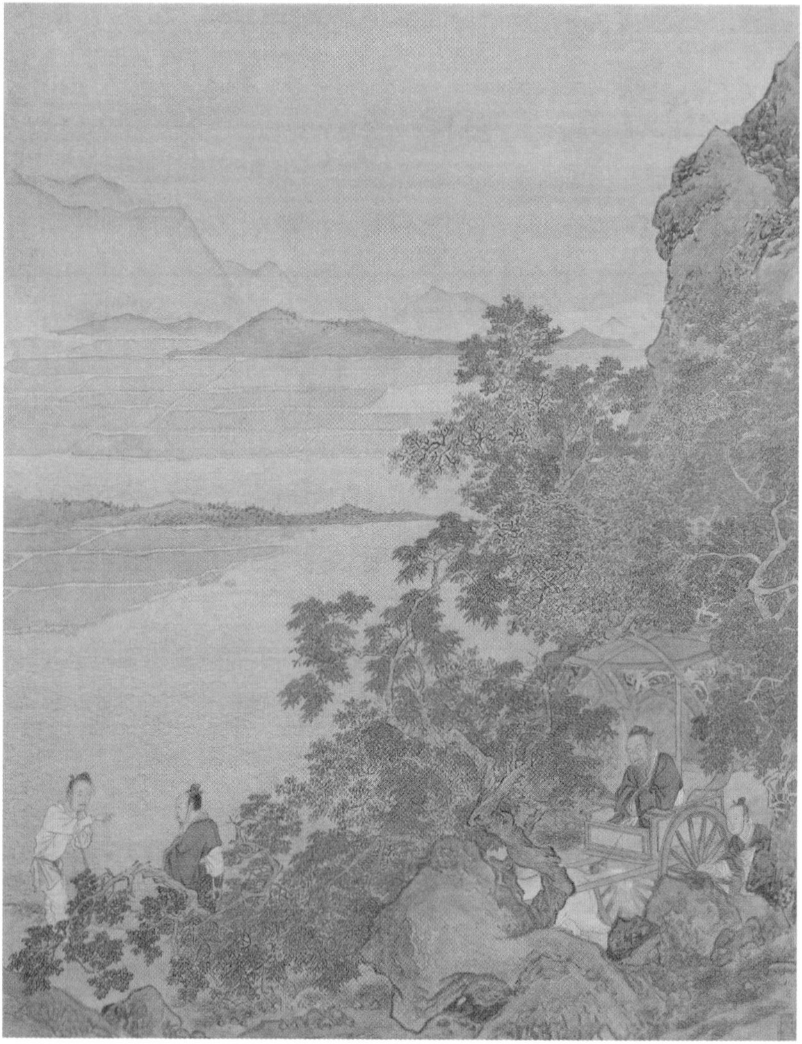

**人物故事图册·子路问津图**

明代，绢本设色
33.8厘米×41.4厘米
故宫博物院藏

此图册共十开，内容取材于历史故事、诗文寓意、寓言传说和文人逸事等。画中人物情态细腻生动，仕女端庄，文人高雅，建筑工整，树石各具特色，呈现出雅俗共赏的艺术效果。

变之间的相对关系。为了形象地在画面上反映出南华秋水的故事，仇英别具匠心地在画面上设计了一位男子，代表"南华"（后世称庄子为南华真人），另画一位女子为"秋水"的化身。幽静的山林之间，南华依山石而坐，女子亭亭玉立，二人在水边相互问答，探索人生的真谛。他们潇洒飘逸的神态感染了天地万物，连一位过路人也禁不住停了下来，站在他们对面，静听他们的对答。一旁还置桌子一张，上面堆着数叠古册、笔墨，表达了仇英对于知识的渴求。这样一来，《庄子》中那种抽象的哲理便化为具体美好的意象，能使人产生强烈的共鸣。

仇英的另一幅历史故事画代表作是《子路问津图》，典出《论语·微子》。据载公元前489年，孔子带着他的得意门生子路、子贡、颜回等，由陈国到楚国去，正遇河流涨水，孔子便让子路去问津于农。当时隐士长沮、桀溺正在田里劳作。长沮问道："驾车的那家伙是谁？"子路说："那就是孔子啊。"长沮又问：“是鲁国的孔丘吗？”子路回答说是。长沮于是轻蔑地说道：“他那么聪明，天生就该知道渡口在哪啊，哪还用问我？”子路没办法，只好再问桀溺。桀溺问：“你又是谁？”子路回答：“我是子路啊。”"是鲁国孔丘的学生吗？""是。"桀溺眯着眼睛，笑了笑说："如今天下已乱，好似滔滔洪水。你就算有天大的才智，又怎能轻易改变？你与其跟着孔子这种到处躲避坏人的人，还不如跟随我们这些避世隐居的人呢。"他边说边不停地播种。子路回去告知孔子，孔子失望地说："我们既然无法跟鸟兽待在一起，若不跟天下人待在一起又跟谁在一起呢？天下如果太平，我就不会和你们一起来从事改变现实的工作了。"这则故事表现的是隐士和孔子求道之径的不同。仇英此画呈长方形，右上左下略呈对角线的构图，左上半部是天空、远山、水田和溪流，意境高远，象征出世之志，右下半部则为悬崖、丛木、当道顽石，暗喻滔滔浊流。画面底边配以苍树怪石，孔子在掩映的树木下执辔而坐，面容安详，眼神中流露出期盼之意。众弟子侍立两旁，风尘仆仆，颇有入世之志。而另一边，子路收起一贯的狂态，恭恭敬敬地向隐者问道。短装荷锄的隐者，则隐隐露出不屑之意，遥遥指向车上安坐的孔子。仇英的这幅杰作是《人物故事图册》中的一幅，现藏于故宫博物院。然而考其出处，则或与项元汴有关。因为项氏收藏的印中，其中即有"沮溺之俦"和"隐居放言"二印，显然跟"子路问津"的画意密切关联。仇英创作此画，或者也有为东家扬

◇ 蔡琰

177—249

字昭姬

晋时为避司马昭讳而作文姬,河南杞县人。她是蔡邕的女儿,精通音律,博学有才,是建安时期著名的女诗人。

志之意。仇英还有一幅《吹箫引凤图》,说的是春秋时秦穆公之女弄玉喜欢吹箫,与另一位善于吹箫的仙人箫史结为夫妻。穆公筑凤台,两人吹箫引来凤凰,后来双双升天而去。画面以精致细密的手法,绘写了弄玉吹箫引凤的动人情景,境界优美高雅,富有神话气息。仇英通过描绘成仙的景象,表达了对自由和幸福的向往。而《贵妃晓妆图》,与项元汴所珍藏的《汉宫春晓图》长卷相似,不知是否也曾经为天籁阁所藏。

其三是以人物为主体,突出个人形象的历史故事画。最著名的即前面已介绍过的《汉宫春晓图》。此图描写大画家毛延寿在皇宫中为嫔妃们作画的情形。仇英将毛延寿安放于画面正中,他侧面坐在画桌旁,凝神静气,全神贯注地对着一位美丽宫妃作画。与之风格相似的还有临宋人之作《文姬归汉图》。此图以东汉末丞相曹操派遣使者迎接才女蔡琰归汉的故事为蓝本。画家只选取蔡文姬与其丈夫南匈奴左贤王和两个儿子依依

**人物故事图册·吹箫引凤图**

明代，绢本设色
33.8厘米×41.4厘米
故宫博物院藏

人物故事图册·贵妃晓妆图
明代，绢本设色
33.8厘米×41.4厘米
故宫博物院藏

惜别的典型情节入画。画面的一边是两夫妇相对垂泪，长子扶膝号啕，次子扬手呼母，生离死别，情感真挚。另一边则是在旁恭候的车队军士，整装待发，气氛紧张，更增添画面的悲剧色彩。仇英的绘制，在尊重原作的基础上，又倾注了自己的主观情感，将蔡文姬描绘得声情并茂，突出了蔡文姬忧国忧民、胸怀大志的情操，但又没有无限拔高，把蔡文姬与匈奴左贤王的感情也描绘得非常细致，体现出人性的光辉。

其四是以文人雅士生活为题材的历史故事画。在这一类型的画中，仇英通过描绘文人雅士的闲逸生活，表达了自己对此类生活的向往。由于出身、学历等原因，仇英结交的文人雅士并不多，这种若有所憾的感情有时会在画作中明显表露。仇英常常选取文士们的潇洒狂放之态，配以清幽、爽朗的环境氛围加以表现。如《桃源仙境图》取材于东晋大诗人陶渊明的《桃花源记》。历代文人、书画家都将桃花源视为心目中的隐居之所而加以赞颂，认为这是一个没有阶级、贵贱之分，人人平等，和平共处的乌托邦社会。仇英此画的主旨虽也大概如此，但在表现手法和情趣上都有出彩之处。他用典型的大青绿山水来烘托画意，其中以石青为主、石绿辅之。画中的山石造型和具体的艺术技巧则有北宋画院画家王希孟的风范。图正中虬松盘绕，山石矗立，浮云堆叠，给人强烈的视觉幻想效果。而山下流水淙淙，板桥幽径，又将人们的神思引向那些清幽的神仙洞府。溪畔有白衣士子席地而坐，或弹琴赏乐，或倾心长谈，或手舞

◇ 王希孟 1096—1119 宋代著名画家

擅作青绿山水。他曾入宫廷画院，得到过宋徽宗的画技指导，是中国绘画史上仅以一张《千里江山图》而名垂千古的天才少年。

足蹈。两名书童为他们端茶送食，其中一位正在过桥。这跟陶渊明笔下的"土地平旷、屋舍俨然、良田美池、阡陌交通、鸡犬相闻"的农家景致可谓大异其趣。陶渊明歌颂的是农家式的安详平和的理想，而仇英则多少带有些贵族文人潇洒出尘的气质。这或许跟当时的世风所尚密切相关，当时的人们所追求的是一种精致化的生活，即使归隐，也要活得有风度气派。这种布局手法在仇英的山水画中多次出现，可谓形成一种定势。全图设色灿烂，给人富丽堂皇的精工气息。类似题材的绘画还有《蕉阴结夏图》《松阴琴院图》等，这些作品在刻画文人逸士的潇洒情态和渲染幽雅环境的氛围方面，都达到了情景交融的高度和境界。

其五为以历史名人诗文寓意而创作的历史故事画。这一类历史故事画需要对历史故事有较深的认识，然后在此基础上再施以个人的发挥。仇英能够创作出大量此类作品，说明他长期寓居富商家确实浏览了大量藏书及古代书画，已

此图表现的是宋代苏轼、米芾等文士在院中品赏古画和青铜器的场景。画中背景繁复，产生了一定的空间深度感。

**人物故事图册·竹院品古图**

明代，绢本设色
33.8厘米×41.4厘米
故宫博物院藏

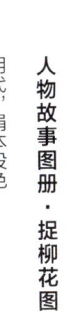

此画写柳荫庭院中先生看儿童捉柳花,三童于风前捉絮,巾服者闲立观之,有陶然自得的神态。人物轩昂,山水画法清雅秀逸,工整有度。

**人物故事图册·捉柳花图**

明代,绢本设色
33.8厘米×41.4厘米
故宫博物院藏

非当日吴下阿蒙可比。此类代表作品有《剑阁图》《浔阳琵琶》《赤壁图》等。其中如《捉柳花图》，取材于唐宋诗人们的佳作。"捉柳花"这个意象在古诗中常常出现，被用来表现人们闲散愉快的心境。如唐白居易《别柳枝》中的绝句"谁能更学孩童戏，寻逐春风捉柳花"，宋杨万里的《闲居初夏午睡起》"日常睡起无情思，闲看儿童捉柳花"。根据这些诗文的寓意，仇英在《捉柳花图》中，虚构了一位私塾先生在课余时间观看三名孩童，其中两名交叠着卧在地上，争抢着刚刚落地的柳花，另一名儿童则拿着捉柳花的工具去帮忙。先生在一旁凝神细看，恍然间，似乎想起了自己的孩提时代。全图工笔重彩，处处生情，充满了浓郁的田园风格。

# 四

　　仇英在天籁阁居留多年，创作的画册自然不少，加上项元汴本身购置的仇英绘画，其数量更是颇丰。但说也奇怪，实际上能够标明其特别为项元汴所作的画却不多见。现存比较有名的是作于嘉靖二十六年（1547）的《临宋元六景》册，其中包括"高峰远湖""云山楼阁""山坳田舍""关山渔舍""松林村落""竹篱压雪"六景。项元汴在册后曾有跋道：

　　《宋元六景》，仇英十洲临古名笔，墨林项元汴请玩，嘉靖二十六年春摹于博雅堂。

　　这一组画颇具特色的地方是罕见地在画面辅以小字，说明景物的特色。如"关山渔舍"注曰："河洑鱼梁，有阁名'河洑'，洑之深，有古石嵌空。"这是因为这些画的取景比较有特色，并不取全景，仅就画者认为值得注意之处详加描绘。而为了使画面的景物更加完整，便辅之以介绍。这些小字可能是原

小楷襏褫披菱中下垂
色おも未聞群此景正子
長沙黃敦牧此門省信
園王胄鋸未宣色水
决廣真家宮若客宴
寢不眞亦眞宮客宴
酥打枝氣不具風流起
何迎到西湖上不詰
山門唐克人芝枝皆見
顧義絕比地擔窓此人
如自懷既藏世高喬
辛丑春月慶壽倫

**蜡梅水仙图**

明代，纸本设色
24.6厘米×49.5厘米
美国弗利尔美术馆藏

此图是仇英花卉的代表之作。蜡梅与水仙都是冬季盛开的植物，两株水仙亭亭玉立，形态清雅不失绰约。顶端横斜一枝蜡梅，毫无衰败之意，清新之气扑面而来。

画就有的，但究竟是仇英临摹还是项元汴所补那就无法考证了。而据项元汴侄项希宪所言，其家藏仇英仿宋人花鸟山水册竟有一百多幅之多，由此也可见仇英模仿前辈画家之勤，以及项氏对宋元作品的喜爱。

项元汴家中还另有一幅作于嘉靖二十六年（1547）的仇英作品，即著名的《蜡梅水仙图》轴。此幅画乃是绢本，下有落款曰："明嘉靖丁未仲冬，仇英实父为墨林制。"当然，由于仇英很少为自己的画作题款，也有学者以为这几行字实出于项元汴亲笔。此幅画采用工笔手法，画得极其清丽、雅致，显示出扎实的花鸟画功底。

在中国古代的绘画史上，独立的花鸟画题材是五代时期才出现的。两宋皇家画院内的一些宫廷画师笔下的花鸟画，是中国画史上第一个花鸟画的高潮，它的一个基本特点，就是奋力追求"形似"。当时，同这种院体花鸟画共存的还有另一种风格相异的水墨花卉——枯木竹石、梅兰水仙所属的"文人画"。宋元以降,在某些"文人画"作者的心目中,只有描摹所谓的"枯木竹石""梅兰水仙",才能表现文人雅士的飘逸之气,而皇家画院中的牡丹、锦鸡之流,却让人觉得俗不可耐。这不仅是风格上的差异,在选材上也自有不同。不过,从元初以降,这种人为的壁垒逐渐被打破。赵孟頫、钱选开始尝试着将宋代的"院体"工笔花鸟画法加以"文人画"化,又进一步演变成王渊、张中的介乎"写意"与"工笔"之间的水墨花鸟画。到明代,沈周更是别出心裁,开创出文人水墨花鸟画。他的画不强调形似,而注重描写心中意气,其纵横无羁的画风,让当时诸多画家颇为神往。仇英虽然没有跟沈周有过交往,但他们的年代相差并不远。沈周逝世时,仇英已是十余岁的少年,所以在他的心灵中,必然早早对沈周的画留下印象。不过仇英的性格、经历都跟沈周不同,他自然不可能采用相同的创作方法。他的花鸟画更多地追求形似,工笔重彩,兼容写意。即使跟来往密切的文徵明相比,仇英的画也自有特色。文徵明的花鸟画追求飘逸出尘的文人意趣,在他的画中,孤芳自赏的幽兰居然也能飞进鸟雀。仇英却更讲究画面上的清静雅致。他存世的另一幅名画《双勾兰花图》,只画兰花,将兰花画得极其繁密,纷披反复,如网交织,剔除了长松短树、坡石流水等陪衬,画面十分简洁爽朗。兰花显得从容优雅,充分表现了作者高洁的情趣。而这幅《蜡梅水仙图》则分上下两片,上片画一枝"破壳而出"的梅花,下片是二枝怒放的水仙,旁无他物。两种植物在寒冬季节一齐绽放，让人油然而起敬意。其中既寓含着作者不畏艰险、敢于抗争的性格，又表现了一丝幽独的文人情怀。值得注意的是，仇英画此画时，已是五十岁左右，其时他的文化素养已有很大提高，而书法也小有可观。但他仍然不愿意在画上题跋，这大概是纯粹出于习惯，而不仅仅是为了藏拙。《蜡梅水仙图》的造型非常严谨，行笔极其沉着，水仙的茎叶、怒放的花蕾、含苞待放的蜡梅都颇为形似。由于仇英又兼用了文人笔墨技法，有含蓄蕴藉的长处，所以使得水仙和蜡梅的枝叶都气蕴深厚，似有幽情，充分表现出蜡梅和水仙的冰肌玉骨。项元汴本人对此也极为欣赏，在画上盖有颇多藏印，"神品""墨林秘玩""项子京家珍藏"……从中可以看出项氏对其的喜爱。

项元汴和仇英的这种主客关系，在当时不鲜见，但能像他们这样十余年合作无间，彼此之间不生芥蒂，还是非常难得的。项氏丰富的家藏，不仅使仇英得到艺术上的养料，而且使女儿仇珠也耳濡目染，练就了一身好画技，加上仇英的精心传授，成为明代画坛不可多得的女画家。仇英的大量杰作，为项氏的家藏增添了光彩，而项氏将其推向社会，也使仇英的名声大大显扬，从而激励仇英创作出更多的佳作。项元汴还经常在仇英的画上代署名款，使仇英的画增色不少。因此当项元汴有一日请仇英替他画一幅个人画像时，仇英毫不犹豫地答应了。这就是著名的《项墨林小像》。此画为绢本，大斗方，以仇英惯用

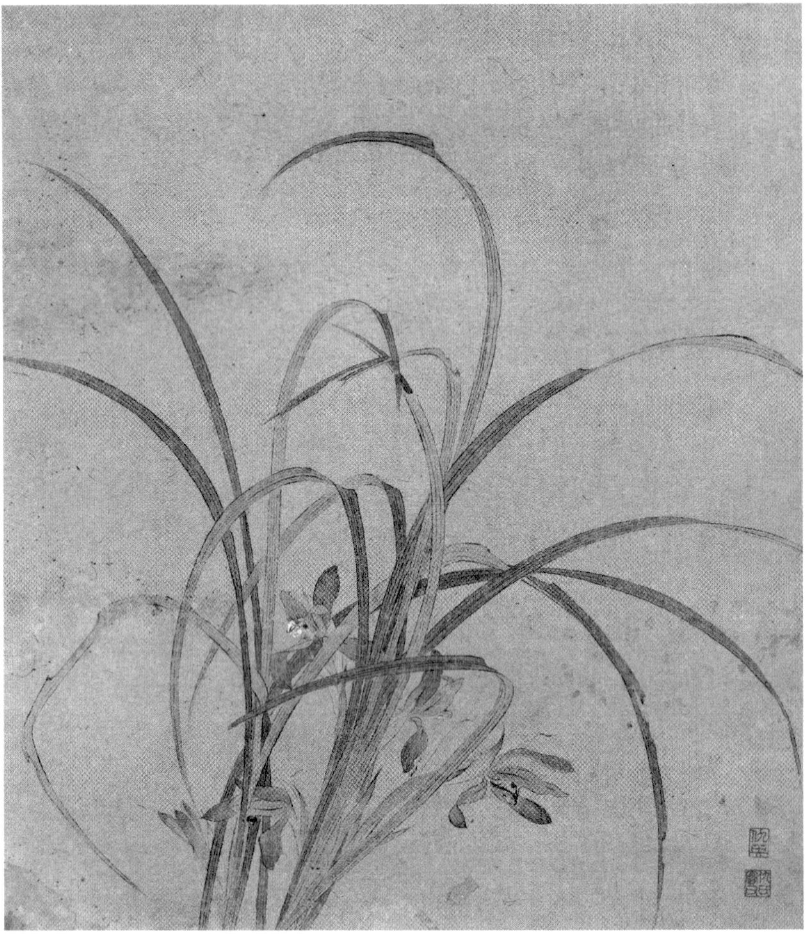

**双勾兰花图**
明代，纸本设色
39厘米×34.7厘米
故宫博物院藏

的青绿设色，整幅画构造井然，古艳照人。岩外桃花盛开，一个小童在溪中汲水，其眼神飘忽，思绪好像已高翔于天。岩穴中两人对弈，专注长考，竟似忘记了时间的存在，让人不由想起"烂柯断斧"的传说。飞鸟、流水、落英、隐士，动静相宜的画面中，给人以精美的艺术享受。而岩穴正中趺坐的，就是天籁阁主人项元汴了。这幅画的特征，可谓静中取闹，在画像右方，有小楷款书"为墨林小像，写玉洞桃花万树春"，同样的，我们无法知道这是仇英亲笔还是项氏代笔。犹如仇英错乱无踪的身世，历史有时候只能让我们发出无奈的暧昧的笑。

仇英的花卉画较少，但几乎都带有清丽逸雅的神态。画中兰花飘逸，含苞怒放，流丽而生动。

第 三 章

# 跃上巅峰

不积跬步，无以至千里；不积小流，无以成江海。

——荀子《劝学》

一

仇英成名以后，求画者甚多，众多富商或收藏家争相追逐。在这种情况下，仇英的生活得以安定，不再像以往那样汲汲于生计。另一方面，他也阅读了许多古书，吸收了新的文化知识，这使他的艺术修养更上一层楼。于是，仇英雄心勃勃，在画风上也开始新的攀登，最明显的表现在于他创作的巨幅长卷。当时画界中兴起一股雄肆豪放之风，在画坛中出现了一些尺寸颇大的作品，而且越来越多，这是前所未有的。仇英投向于此，当然也有受时代风气的影响。但另一方面，在他的内心中，长卷的分量在某种程度上更能考验作者的艺术功力，就像后来的长篇白话小说一般。仇英本着一贯精雕细琢的画风，创作了许多经典的巨幅长卷，却又不像一般画家好像只知倾泻情感来展现笔墨上的佯狂，而是做到雄中有秀，秀中有雄，繁复工致，自成一体，所以历代以来多受好评。仇英也因此攀上了绘画的新高峰。

大概从明代中叶开始，经济的发展推动了各门艺术的发展，这种发展在画界的表现是许多文人画家都追求一种雄肆阳刚之气，力求在画作中体现出强大的力量和气魄，营造出震撼人心的气势。如仇英非常欣赏的前辈画家沈周，年轻时多画盈尺小景，"至四十外，始拓为大幅，粗枝大叶，草草而成"。谢时臣也是"善画，颇有胆，长卷巨幛，纵横自如"。其时所谓的浙派画家虽日趋末流，仍有一批画家如郑颠仙、张复阳、钟钦礼、蒋三松、张路、汪海云等人以追求大尺寸画为乐趣，任意而狂放。仇英身处其中，自然不能对这种情感宣泄式的画风毫无感触。他仿效这一做法，将笔墨拓宽到大幅尺寸之中，这既是时代潮流的表现，同时也是一些书画订件人的需要。仇英中年以后，常年居住于富商、收藏家之家，他们大多见闻颇广，相互之间也喜欢竞争、攀比，而一些巨幅画卷，似乎很能满足他们的虚荣心。这样一来，他们在向仇英邀画的时候，常常会主动提出，是否可以为他们画一些尺幅巨大、能够震撼人心、表明自己豪奋之气的作品。如昆山富家周凤来邀请仇英制作长达十五米的《子虚上林图》，以作为向其母亲八十岁寿诞的生日礼物。仇英在周家学习绘制，用整整六年的时间才完成此图卷。仇英接下绘制任务后，又重新认真阅读了西汉大文豪司马相如的名作《子虚上林赋》，对赋的含义了然于胸后，又根据寿诞的需要，认真设计画面与构图。仇英一贯的认真和谨严在这幅画中得到了充分的体现，最终成就了这幅长达十五米的杰作。画面上展现了人物、鸟兽、山林、楼阁、军队、旗辇等各

◇ 谢时臣

1487—1567

字思忠，号樗仙

明代画家

江苏苏州人。工山水，师法吴镇，得沈周笔意而有变化。擅画江河湖海，多作长卷巨幛。

种场景，场面浩繁，气势宏大，辉煌壮丽的情景如在眼前。仇英画毕，自己还觉得意犹未尽，就专程邀请自己敬爱的文徵明先生用小楷将司马相如的《子虚上林赋》录于其上，真可谓赋、书、画三者并美，足称三绝。周凤来获此图画，如获至宝，欣喜若狂，一下子就付了高达一千两银子的润金。从此以后，更是待仇英以贵宾之礼。为了让仇英的身心得到充分的放松，周家不仅供应丰盛的美食，每月还多次为其举办宴会，招携女伶歌舞娱乐。仇英也借此次锻炼，积累了丰富的创制巨幅大画的要领，其工细精丽的画艺也得到了淋漓尽致的发挥。又如前面提到的项元汴，仇英与其相交十余年，其间也造就了一些巨幅长卷，如世所共称的《临萧照高宗中兴瑞应图》、长达6.79米的《孝经图》等，项元汴都在仇英的作品上代题名款，影响深远。

仇英晚年的另一位重要的艺术赞助人是苏州富家陈官。陈官对仇英更是平

枫溪垂钓图（局部）

明代 纸本设色
38.5厘米×127厘米
湖南省博物馆藏

此图上部展现了深秋辽阔壮美的山川景色，远处山林与楼阁隐现于白云中，充满动的感。目光移至下部，小船上有一高士安然垂钓，他默然专注的神情，仿佛停时光就停在了这一刻。

等，跟他完全像朋友一样亲密无间，一般宾主之间的客气在他们身上是看不到的。陈官从来不催促仇英多画，只是求其兴之所至，轻松度日。在这种情况下，仇英完成了其生平的最后一幅杰作《职贡图》，这也是一幅长达5.8米的巨制。彭年曾在该图上评述道："其匠心之巧，精妙丽密，备极意态，虽人殊国异，而考按图志，略无违谬，能事直出古人之上。"可谓仇英呕心沥血的铭心杰作。除此之外，仇英还曾应人之邀，创作了其他巨作。如为拙政园主王献臣作的《园居图》卷，为溪隐先生作的《松溪论画图》轴，为朱子羽作的《送朱子羽令铅山图》卷等，都是两米以上的巨幅大画。

仇英在中晚年绘制一系列巨幅长卷作品，也是他艺术上趋于成熟的一种表现。仇英早期作品中很少有大幅作品，基本上都是尺幅小画，而且十分工整细致，但后来他由于跟文徵明相熟，又拜了周臣为师，加上自己的刻苦努力，终于有所成就，练就了非凡的造型能力和雄劲的笔墨功底。自从客居富商、收藏家之家后，他大有机会学习历代文章知识、观摩前辈名家巨作，这也使得他的艺术视野日趋开阔，绘画技巧融各家之长。在这种情况下，仇英要想更上一层楼，巨幅作品最能够为其提供磨炼技艺的机会。试想一下，尺寸小幅虽然也能够寄托作者含而不露的想法，但那种汪洋恣肆、一望无际，却非巨幅笔墨不能描绘。每当仇英念及此点，便不禁怦然心动。当然，他也不会创作那种无视艺术规律、让感情心情宣泄的劣等作品，他始终坚持走自己的路，一步一个脚印地向上攀登。

仇英非常仰慕师兄唐寅的画风。唐寅由于一生坎坷，吃了许多苦头，所以他胸中积聚的不满和忿气，往往会形诸笔墨，在画面上体现出狂态。但唐寅的画却又跟当时浙派末流画家的"徒呈狂态"不同，是完全跟他自己酸楚难言的内心世界结合在一起的，所以唐寅所画的一枝一叶、一山一水，甚至花草鸟兽，都足以动人。另外，一代巨匠沈周的画，也是仇英经常临摹的蓝本。沈周作画一度文秀工细，以技巧纯熟示人，晚年却大气磅礴，特别是其花鸟画尤多粗笔泼墨写意之作。这些绘画大家的经验，给仇英以深刻的启迪，那就是在作画的过程中，时时要注意气度与法度的配合，既不能因为感情的炽烈而乱了章法，也不能谨守艺术的行规而不思进取。只有奔放处不离法度，精微处又照顾气魄，放而据法，法不离论，才能展现艺术的高超境界。文人画最讲究情感的宣泄，但情感的合理控制又是艺术的先决条件。如果忽略了这一点，任凭自己的情感如脱缰的野马任意驰骋，艺术也必然在这种漫无边际的燃烧中化为灰烬。仇英深谙此理，因此在绘制巨幅长卷时，从不无法无天，而是将情感和理性较为从容地结合起来，要求自己笔笔皆在法中，在法度之中体现出奔放之意。

《船人形图》是日本唐绘《笔耕园》中的一幅,是日本14世纪室町时代以后,以舶来的中国画汇集而成的手鉴。

船人形图
明代,绢本设色
23.1厘米×23.1厘米
日本东京国立博物馆藏

从俯视的角度，我们看到柳园中的建筑错落有致，考究的假山和灌木丛中，点点白色，看来是花开了。在屋内，读书人三三两两，有的侃侃而谈，有的在教孩子念书。

**柳园人形山水图**
明代，绢本设色
21.5厘米×21厘米
东京国立博物馆藏

# 二

仇英一生绘制的巨幅长卷委实不少，如果从制作的不同原因来区分，大致可以分为以下三类：

一类是受人之托创作的巨幅长卷，如《子虚上林图》《孝经图》《蕉阴结夏图》《桐阴清话图》《职贡图》等。这些作品大多创制时间较长，最长的达五六年，较短的也要一两年。由于受人之托，仇英对这些指定的题材未必熟悉，多半是一边学习、一边创作而成。但也因其认真，所以这些作品往往画得极其工致精丽、备极意态，令人叫绝。在艺术表现手法上也是纵横无间，工笔、意笔、青绿、浅绿、水墨、白描等各种技法交叉运用，画得十分精熟。如果说到缺点，则是因为其过分讲究工整匀称，所以有时候会让人觉得出奇制胜的地方不多，人们固然会在其壮观的气势面前心生景仰，但却很难有那种"于我心有戚戚焉"的细腻的内心感受。

二类是临摹之作，如《临萧照高宗中兴瑞应图》、摹《清明上河图》、《临宋人画册》，都是仇英临摹作品中的精品。在临摹这些作品时，由于题材为画家自己所设，且其创作心态也相对轻松平和，所以仇英往往能在仿制品中最大限度地发挥自己的才华和勇气。许多作品不仅临摹得足可乱真，而且在许多地方还加入了个人的创造。如前面提到的《临宋人画册》中的十五幅画，是仇英临摹宋人单页和团扇的合册，其中造型精确，笔笔到位，气韵十足，充分体现了仇英临古的深厚功底。有一幅《村童闹学图》，描写夏日炎炎，村塾老师也忍不住睡意，竟伏案瞌睡起来。这时候顽皮的学童就趁机闹腾起来。他们偷偷摘下老师的巾帽，把老师的睡相画下来，还扮作夫子的模样，又装鬼脸、竖板凳，真是活泼极了。仇英在摹写任意的天真情态时可谓用足功夫，其中还隐隐含着一丝对冬烘先生的揶揄之意。又如摹《清明上河图》，是仇英临摹宋代张择端的《清明上河图》而作。与原作相比，无论在细节的安置，还是在形象的描绘上，都有了颇多不同，从某种程度上，我们不妨将其看作仇英的再创造之作。

三类是完全由仇英创作而成的作品，如《汉宫春晓图》《剑阁图》《人物故事图册》。这部分作品是仇英巨幅长卷中的"好中之好""精中之精"。他倾其一生的绘画技巧和艺术风格，都能够在这些作品中得到淋漓尽致的表现。如《人物故事图册》中的十幅图，都是仇英根据历史故事、传说、文人逸事和诗文寓意创作出来的。在这些作品中，仇英无论在作品立意、形象塑造还是笔墨表现等方法上，都注入了自己的才智和技巧。他

《吴郡丹青志》记载仇英"特工临摹,粉图黄纸,落笔乱真"。不仅"无惭古人",而且还有创造的成分在内。其仿作《清明上河图》共有人物七百多个,或静或动,或聚或散,城郭楼台与远山近树疏密相间,错落有致。运笔细腻,设色考究,是传世的唯一摹本。

清明上河图（局部）

明代，绢本设色

804.2厘米×34.8厘米

台北故宫博物院藏

习惯以浅显明豁的艺术手法,形象地表达画面所饱含的历史意境,又或者对历史故事做出新的诠释。这说明仇英的创作实力其实是非常雄厚的,只要得到发挥的空间,他往往能在许多不同的侧面展示突出的才华。另一方面也说明,此时的仇英对于文化知识的掌握已经突飞猛进,否则他是不可能参透许多史事中的微言大义的,更不用说做出新的诠释。

# 三

仇英绘制巨幅长卷作品,主要在他艺术的成熟期,即中晚期的二十年左右的时间里。在这么长的时间里,留下这么多的杰作,我们不禁惊叹于仇英的勤奋多产。诚如董其昌所感慨的那样:

> 实父作画时,耳不闻鼓吹阗骈之声,如隔壁钗钏戒,顾其术亦近苦矣。行年五十,方知此一派画,殊不可习。譬之禅定,积劫方成菩萨,非如董、巨、米三家,可一超直入如来地也。

从这番描述看,仇英不愧是我国古代把毕生精力都献给绘画艺术的伟大画家之一。

从仇英创作巨幅长卷作品的特征来分析,其大致有以下三个特点:

其一是繁复而工致。仇英的山水为细笔青绿,人物绘制用笔也细润绵密，精工妍丽。界画则是工整细密，华丽端庄，具古雅厚实之趣。无论哪一路画，都体现出繁复而工致的艺术特色。因此，他的巨幅长卷是他的这些特色的延续和发展，或者说是在综合性地体现这些特色。如《剑阁图》，此图笔摹技巧继承南宋李唐、刘松年画派严谨而整饬的画风，画面上人物、山水、林木都画得精细缜密，严整不拘。从画风推断，大约是仇英四十多岁时创作的。当时他应该正客居于某收藏家的寓所中。该图以李白著名诗篇《蜀道难》创制而成，全图用笔繁复，却又层次分明，显示出仇英善于驾驭大场面的非凡才华。

其二是经年累月。仇英的许多巨幅长卷都不是粗枝大叶、一挥而就的，而是他经年累月、精心探索而成。如应周凤来邀请所绘的《子虚上林图》长达 15 米，先后绘制了 6 年；现藏于台北故宫博物院的摹《清明上河图》长达 8.04 米，绘制了 4 年；应项元汴所绘的《孝经图》长 6.79 米，也制作了 2 年多；在陈官家所绘的《职贡图》长 5.8 米，更是创作经年，直到去世前才完成。从中我们可以想象，仇英在对待这些画作时，完全是用生命和热情去守护心中的艺术灵光。他对于所要描摹的题材未必熟悉，这就需要做出更多的努力。如世所共称的摹《清明上河图》，仇英要完成此画，需要对苏州的社会风俗、建筑、手工业，乃至各种人的衣饰都有相当深入的了解，才敢下笔。不管成败，仇英的这种全情投入、精益求精的画风，无疑是值得后世永远景仰的。

◇ **董其昌**

1555—1636

字玄宰，号思白、思翁，别号香光居士

明朝画家、书法家

上海松江人。官至南京礼部尚书。擅画山水，喜水墨画，师法董源、倪瓒等人。

其三是少有败笔。巨幅长卷作品因为其规模巨大，所要注意的局部甚多，非常容易出现败笔。但在仇英的画作中，我们很难发现这样明显的漏洞。当然，作品中没有出现败笔，并不代表画家在创作中没有败笔。在如此巨大的作品创制中，要想没有出现错误几乎是不可能的，甚至某些时候，因为一点小纰漏而需要推倒整幅画卷，重新绘制。这种情况出现在哪位画家身上，都是非常痛苦的事。但是仇英以他一贯的认真，锱铢必较地对自己的画作改了又改，终于达到神完气足、意态从容的境界。当然，另一方面，我们也可看出，在经历了重重险阻后，此时的仇英已有巍然大家的风范，无论从绘画的技法还是创作的心态，都达到了成熟的境界。他就像秋天成熟的果实挂在树梢，只待那些识货的收藏家去摘取。他的绘画虽然源于南宋院派，却没有陷入浙派末流那种精疏轻狂的笔法之中，而是顺应历史潮流的嬗变，努力向吴派艺术融合，最终使其作品呈现出文人和士气兼而有之的独特风格。仇英晚年也创作了一批蕴含浓重文人情趣的巨幅山水画,表现文人居于书斋、林泉、渔村的生活环境和活动情状,与文人画家的书斋山水在情调上相吻相合。如同为2.79米长的《蕉阴结夏图》和《桐阴清话图》,仇英运用准确的造型技巧,生动地刻画出主人公的身姿动态和神情气质,并具体入微地烘染出环境气氛。这比起那些寥寥几笔的点触式画风,可谓各有千秋,在韵味上稍欠,但传达的情感况味却强烈得多。

# 四

在仇英的诸多杰作中,有一幅画是不能不提的,那就是仇英的摹《清明上河图》。这幅画是仇英摹宋代画家张择端《清明上河图》创作而成的。说是创作,这是因为仇英的摹《清明上河图》对照原图,无论在结构、情节、艺术特色诸方面都有较大的歧异,也就是说,有了重大改进和发展。

仇英创作《清明上河图》的时间是嘉靖二十二年(1543),画了四年方告成功,足见仇英为绘好此画花费了大量时间和精力,表现了惊人的毅力和超群的才华。这幅集大成式的巨幅作品,对于我们了解明代中叶苏州的政治、经济、风土人情、城乡风貌、寺院建筑等都极具参考价值。

我们先来了解一下仇英创作此图的背景。要想真正读懂仇英的摹《清明上河图》,就必须弄清楚仇英创作的动机何在,他为什么要重画一张《清明上河图》?根据仇英当时所面临的社会情况,以及他本人的现状分析,大致有以下三方面的原因:

其一,宋代张择端所绘《清明上河图》,反映了当时北宋

清明上河图卷（局部）

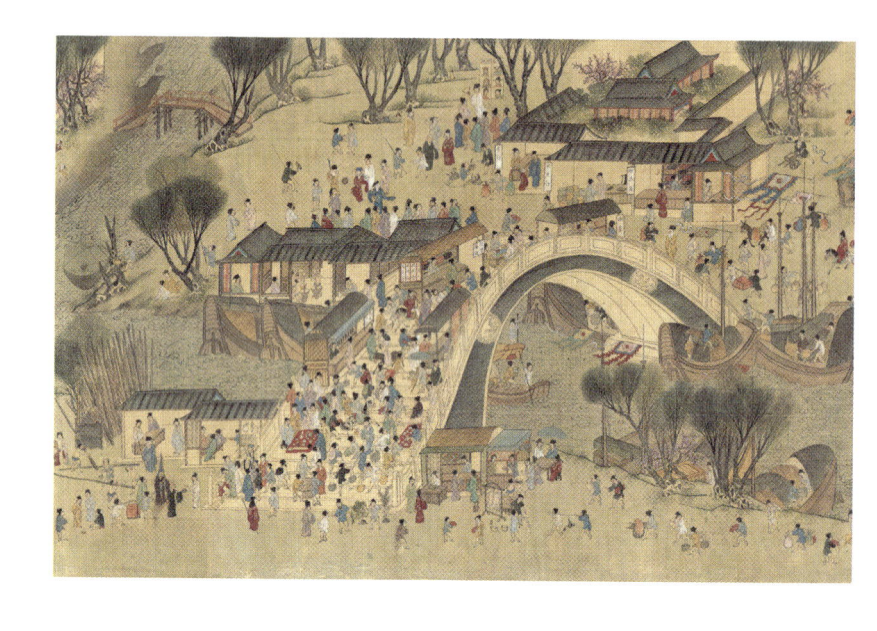

明代，绢本设色
804.2厘米×34.8厘米
台北故宫博物院藏

首都汴梁在清明节的繁华景象。仇英生活时代的苏州城，其繁荣程度远远超过汴梁，似天天逢年过节一般。当时，苏州的粮食生产、蚕桑业以及经济作物种植极其发达，与之配套的工业也得到了很大发展。苏州的繁盛之态，甚至超过京师北京。当时的苏州府，辖吴县、长洲县、昆山县、常熟县、吴江县、嘉定县等六县和太仓州，是首屈一指的财富重地。万历《大明一统志》记录了中国二百六十多个府（州）的税粮数字，名列前茅的便是长江下游地区的苏州府，苏州一府的税粮是全国税粮的十分之一。农业和商品经济的发展，加上外国商人的涌入，使苏州地区成为"各省商贸云集之地"，形成了许多的大小不一、居民繁盛的城镇，如苏州山塘、阊门、木渎等成为繁华之地，苏州城"货物店铺，流溢金阊"，可谓奢靡之极。除前所引唐伯虎曾专门赋诗描绘当日繁华盛况外，明末清初大思想家顾炎武也曾对"奢靡为天下最"的苏州感慨道："盖吴民不置田亩，而居货招商，阛阓之间，望如绣锦，丰筵华服，竞侈相高，而角利锱铢。"面对如此景象，仇英生发出重画一幅《清明上河图》的欲望，便是很自然的事了。他坚信，自己所画出的苏州《清明上河图》卷，定会比张择端那一张更加美丽繁荣。

其二，仇英制作《清明上河图》的时间在嘉靖二十二年（1543），他在画上自题"画四年始竟"。当时，仇英应昆山富家周凤来之邀，客居其家作画。周凤来不仅是富家，还是一位有名的收藏家。仇英在周家能读到大量文献古籍，临摹许多古画，涉猎了许多方面的知识和艺术，这使仇英的内涵大为提升。由于临摹古画，仇英能学到各种流派、各位大家的艺术风格，汲取各种养料画艺，真可谓"如鱼得水"。当时，周凤来请仇英作《子虚上林图》，以作为庆贺其母八十寿诞的礼品，并以相当丰厚的润金酬谢仇英。这是一幅应命之作，也是一幅非画好不可之作。在这样的情况下，仇英在创作《清明上河图》时，势必受到《子虚上林图》的影响。经受了《子虚上林图》的成功锻炼，仇英对于巨型画卷的把握得到了质的提升，所以当他继续进行《清明上河图》的创作时，更加信心十足。

其三，就仇英个人的喜好来说，《清明上河图》这一类的图画是很符合他口味的。在张择端的《清明上河图》中，张择端描绘了五百多个人物，安排在不同的场景中活动。而人物画正是仇英的专长，他师从周臣和文徵明，一开始就接触了许多人物画，学会了掌握人事的准确尺度，以及人物的衣饰、表情和细微神志的传达。在《清明上河图》中，界画的使用非常频繁，画中许多建筑物都用界画很好地描绘出来。所谓界画，是指山水画中的建筑物有时须用界笔、直尺等工具来绘制，因此以建筑物为主体的画又称为"界画"。历代精于此道的画家很少，诚如古人所云："凡写一楼一阁非难，若至十步一楼，五步一阁，便有许多穿插，许多布置，许多异式，许多拱楹阑干，周围环绕，花木掩映，路径参差，有一犯重处，便不可入目。"可见要画好山水画中的建筑物并非易事。仇英在此却独有专长，在明代画家中堪称第一，特别擅长将严谨整饬的界画与山水画自然地融合在一起，给人精美绝伦的艺术享受。有了这一基础，他再来描绘《清明上河图》中的景观时，便显得自信满满，饶有余力。

仇英绘制《清明上河图》时为中年时期，绘画的基础已非常扎实。当时流行文人画，提倡诗、书、画三绝，而在这方面仇英不擅长。因此，他选择工笔重彩的技法，在人物、山水、界画中进行突破，可谓扬长避短。《清明上河图》这样的大型风俗画作品，正是仇英当时艺术最好的表现。

经过他的苦心经营，这幅《清明上河图》，实际上成为一幅以东京张择端原作为蓝本的再创造之作。

首先，表现对象在具体安排上有了重大变动。张择端的《清明上河图》，画的内容是北宋首都汴梁在清明节时的繁华景象。而仇英的《清明上河图》，所描绘的是明代中叶苏州城繁华富庶的景况。《清明上河图》是一幅少有的长卷，全长5.25米，高0.26米。仇英的摹《清明上河图》，则全长8.04米，高近0.35米。后者除了在高度上有所增加外，长度更是大幅延长。

其次，绘画的内容安置也比前者更丰富、更完善。张择端的《清明上河图》绘制了五百多个人物，而仇英的《清明上河图》则有七百多个栩栩如生的人物。这两幅画都是通过对世俗生活的细微描写，生动地描绘当时社会承平时期的繁荣景象，但前者偏重于一般热闹场面的记录，图中的描写与记载汴梁的

清明上河图（局部）

明代，绢本设色
804.2厘米×34.8厘米
台北故宫博物院藏

有关文献相合，与《东京梦华录》所说的"曹婆婆肉饼""唐家酒店""正店七十二户"等等，无有不符。而仇英的摹《清明上河图》，则以当时苏州各个阶层的人物的各种活动为中心，较深刻地把这一历史时期的社会动态和人民的生活状况展现出来。其内容正如当时盛行的市民文学一样的丰富，非常有意思地对这个时期的社会生活做了高度概括。除此之外，在建筑、内容、风俗、城乡分野等方面，仇英所作都有重大变动。

仇英在原作的基础上，之所以在画面的具体安排上做出如此重大的调整，一方面是因为社会的变化所致，另一方面是仇英具有强烈的民本思想。他十分了解下层劳动人民的生活，对当时被人看不起的船夫、纤夫、织工、小商小贩等劳动人民，怀有深刻的同情。在作品中，仇英把他们作为苏州的主人、繁荣苏州的主力军来着力刻画，这就是仇英的《清明上河图》的思想意义。

从构思上看，这幅长卷大致可以分为三个段落：第一段描写苏州城郊的景色，在大运河畔，黛山连绵，果林片片，牛羊成群，许多农人在碧绿的农田里莳秧；也有公子哥儿、小姐坐着轿子，骑着高头大马在悠悠自得地踏青；还有不少人在围着临时架起的戏台看戏，以祈来年有个好收成。整幅画面呈现出一派祥和、安稳、富饶的景象。第二段描写的是大运河通往城内的两岸街景。只见河里停泊着许多太仓制造的新船，通往两岸的石拱桥上人来人往，两岸路上有农民、商人、小手工业者、官吏、读书人、江湖医生、算命先生等，还有各种各样的摊贩。真是三百六十行，行行齐全。第三段描写城镇街市，这里店肆林立，街市上的商店、作坊、酒楼、茶馆、当铺等都挂有醒目的牌号，五花八门，形形色色。街市上这种纷然杂陈的繁闹情景，都被仇英描绘得有条有理，引人入胜。

值得注意的是，仇英在作品中添加了许多时代的新意。从建筑上看，张择端的《清明上河图》上，房屋基本上是硬山顶的平房，偶有几座高耸的层楼。而仇英的《清明上河图》上的民舍在规模上要宏大、深阔得多，屋舍层进，门面宽敞，尤其是城内大街上的一排店铺的右面，庭院深深，高阁回廊，俨然是一家富豪园宅。画家有意无意地炫耀着当时苏州园林的宏丽气派。再如画幅中心的高大虹桥，原作真实地描绘出特殊的"叠梁拱"木结构，而仇英的版本改成了高大的单拱大石桥，美观而大方。在城楼部位，仇英添置了曲折延展的城墙，反而使城乡的界域更为分明，体现了苏州城墙众多的特色。城内商铺和民舍的排列更加密集和齐整，体现出城市街道和建筑的规划更加走向正规化。

此外，仇英摹本所描绘的各行店铺及社会的职业范围，也较之前作了许多新的补充和扩展。如画中的学士府、金银首饰铺、描金漆器店以及精裱诗画店、古玩收藏斫琴铺等府第商铺，还有青楼歌妓弹琵琶、穷画家街头画像、深院仕女荡秋千，以及说书行业形态的改变、船只的更新等，画家都依据当时苏

清明上河图（局部）

明代，绢本设色
804.2厘米×34.8厘米
台北故宫博物院藏

州城市的社会风情有意识地做了增补，从中透出明代中叶苏州繁华的商业、手工业和丰富的社会风俗的大量信息。

仇英所作的《清明上河图》，全图结构严谨，情节跌宕有序。在艺术表现方面，采用工笔重彩，精工而巧丽。展开画卷，我们在画首可以看到，仇英在这一部位添加了青绿设色的绵亘远山，这样的处理立即使城郊画面立体起来。远山均不高大，但非常秀丽，与苏州郊外的一些小山脉极其相似。在技法上，仇英采用较为纯正的大青绿山水，山石勾勒后不用细细皴，山脚以赭石分，这使各山色调和谐而又有区别。在卷首，由于山水相互衬托、相互点缀，江南所特有的典雅、清秀如同历历在目。而在图画的尾段，是幢幢排列整齐、门面宽敞的屋舍和店铺，建筑沿河而筑，木桥将两岸连接起来。这一段风情与苏州七里山塘街的一部分极其相似。在最末段，仇英以宏伟辉煌的金明池楼殿收尾，使画面流溢出一股浮华的气息。在这里，仇英的界画本领大显身手，那一幢幢富丽堂皇、尺度标准的宫宇，如同现代化摄像机所拍下的建筑群体。

我们还能从仇英的这幅画中发现，画中的各种物象与人物，包括衣饰、动态都被描绘得细致入微，所以才能如此打动人心。苏州当时时兴的一些行当在画中都有表现，如说书行业，在画中可以看到说书先生在一架四方的凉棚下说书，四周围着听书的人。他们听书的神情是如此投入，久久不舍离去。说到激动处，说书先生从椅子上站起来，以手势助说，十分动人。妓馆青楼在当时的苏州也十分流行。当时有官妓，一般只卖笑不卖身。仇英画中的青楼，有三位身着精致绫罗的妙龄女郎相对而坐，一位女子手持琵琶弹唱着曲子，另两位女子在仔细聆听学习。又如在精裱诗画店铺的一角，一位穷画家正聚精会神地绘画，尽管来往人士很多，但他目不斜视地画着，也许正是仇英自己的化身。又如当时苏州已流行收藏古玩文物，所以在画中的地摊上，摊主陈列着各种文物古玩，一批喜爱者正在挑选，摊主除售卖赚钱外，也收购其他人带来的文物。在如此浩大的画卷中，仇英能如此细腻地描画这些物象，其高超的绘画功底和创作的一丝不苟同样令人感到震惊。

在画中，仇英还通过典型的场景，来表达画家的情感以及高超的艺术感染力。就以此画卷中部的一座大桥来看吧。从气势和场面看，这座桥有点像明代中叶的苏州胥门万年桥。与张择端的原作相比，仇英将木结构桥改为石拱桥，桥洞很大，船过桥洞下不需像原作那样将篷帆桅杆收起来了，尽可以放心来往。河上船只很多，有的正排队装卸货物，有的正急着赶路，一派繁忙景象。这些船只的样式十分新颖，使人联想起当时闻名全国的苏州木渎、太仓造船作坊。它们能制造大型船只，这些船只高翘，排水量大，船身牢固，十分受欢迎。由此，足见当时苏州建筑及造船业的发达。而水路运输也已经成为当时的主要交通方式。

再看看桥上也有很大变化。由于是石拱桥，桥面比原作宽阔得多。一层层台阶又长又宽，行走十分方便。桥上也没有先前那样拥挤。桥的两侧是建筑极其精巧的店铺，有金银首饰店、绫罗零剪店、各色细果铺、参苓补糕店等，还有各种地摊，摆设着种种物品，一座桥就可以称得上一家小百货市场。人们熙熙攘攘地往来着，有挑担的，有肩扛货物的，有走路的，也有骑马的，大家从从容容地过桥，没有什么交通事故发生。与大桥相呼应的是南北两岸繁闹情景的延伸。只不过岸上的热闹就显得格外从容、悠闲自得了，各种需要围观的活动都有条不紊地展开着。大多数商品的交换也在岸上完成，真可谓一幅人间百态图。

仇英《清明上河图》的问世，博得了当时各阶层的喜爱，出现了许多摹本。明代仿仇英之作有赵浙、夏芷本，到了清代，有戴洪、陈枚、金昆、程志道合作本等。现在，有的摹本在国内，有不少流传到国外。一幅模仿前人的《清明上河图》，竟传演出了数量如此之多、代代相传的摹本，在我国画史上是不多见的，这也从另一方面体现了仇英此画的艺术魅力。

**清明上河图（局部）**

明代，绢本设色
804.2厘米×34.8厘米
台北故宫博物院藏

# 五

仇英巨幅图轴的另一幅代表作是《剑阁图》，这是以唐代大诗人李白的著名诗篇《蜀道难》为母题而创作的一幅巨制。此图构思精巧稠密，在表现原诗的主题方面取得了突破性的创造力，其色彩浓艳，丰满壮观，可谓仇英青绿画法的代表之作。

在《剑阁图》的主题刻画方面，仇英颇花了一番心思。他首先找来李白的《蜀道难》，日夜诵读，真正参透其中的原意，然后再结合个人心态加以发挥。仇英之所以选择李白此诗作为画题，当然是因为心境与其有共鸣之处。遥想李白当年，心怀治国平天下之策，以为功名可以手到擒来。他还模仿古人，想走终南捷径，于是隐居安陆的寿山中，期盼圣主的光临。然而九年过去了，秋水长流，青山不改，根本不见有人光顾。于是他忍不住打道入京，谁曾想即使到了天子脚下，依然是"阊阖九门不可通，以额叩关阍者怒"，根本无人理睬，更不要说喝彩。在他眼前，原本笔直通天的长安大道，顿时成为难于上青天的狭长蜀道。他悲愤地对着天空喊："大道如青天，我独不得出。"李白在返回终南山前,饯别好友王炎,席间谈及蜀道的种种艰难险阻,此刻在李白眼前翻腾不止。关于蜀道的传说,以及长久以来压抑在李白心中的激愤情感,使他终于不可抑制地呼出了千古名篇《蜀道难》:"噫吁嚱,危乎高哉!蜀道之难,难于上青天!"

仇英反复吟咏着这些诗篇,他感到一篇之中三致意焉。联想自身,人生的坎坷之途,仇英何曾品味不到?"剑阁峥嵘",虽"一夫当关,万夫莫开",但只要不畏艰险,终可以缓缓攀登,找寻到一块立足之地。在仇英看来,李白的诗是千古佳作,将四川剑门关的景色描绘得活灵活现:"上有六龙回日之高标,下有冲波逆折之回川。"层岭叠现,直冲霄汉,悬崖之间,深不可测。此情此景,如在眼前。"天梯石栈相钩连"的奇伟峻险形势,更使仇英震撼。他虽然没有去过剑门关,未能亲睹大自然的鬼斧神工,但是李白这些形象而生动的描绘,简直令他如同身临其境。面对如此绝妙的诗情画意,仇英不能不心有所动,不能不情不自禁地握笔作画!

其实,如果将李白诗中可视的场景简单地堆砌起来,只要画得逼真,也许已经可以构就一幅妙不可言的山水画了。然而仇英并没有这样做,因为他的想法跟李白稍有不同。他虽然同情李白的仕途失意,但并不赞同"蜀道之难,难于上青天"的感慨。他认为人生除了仕途,还有许多其他的路可走,比如自己一生为画,现在不也活得好好的吗?剑门关虽然险峻,但也

剑阁图

明代 绢本设色
101.9厘米×295.4厘米
上海博物馆藏

此图是以唐朝大诗人李白名篇《蜀道难》为母题而创作的巨制。仇英以高超的手法，在奇山峻岭间，安置商队人马，使山水画有了浓郁的生活气息，展现出生动人心弦的艺术感染力。

并非不可战胜。人生路上总是艰难重重，而能否跨越难关，关键在于是否具备誓不低头的勇气。正是基于这一想法，仇英大胆地设想了一个跟原诗并不完全一样的主题。

在穷山恶水间，自山顶至山下，大队人马沿着曲曲折折的山路在缓缓行进。他们相互帮助，相互搀扶，有的骑马，有的挑担，有的走路，面对大自然带来的艰难险阻，毫无惧色，奋勇攀登。为了突出这种氛围，仇英还特地将季节安排在隆冬，这既增加了环境的压力，同时也更能突出其人定胜天的主题。于是，在画面上出现了重重山峦，皑皑雪峰；近处是重彩辉映的山峦；陡峭的绝壁上树木茂盛，残雪覆盖；在崎岖的栈道上，众多人马在艰难而行。客商行路虽艰，但从脸色上看却仍然显得充满信心。这幅图将自然景物跟人物的活动结合起来，使山水画富于生活气息，从而使画面更带有摄人魂魄的艺术感染力。

我国古典美学在表现内容与方法上所注重的，往往不是单纯客观的模拟再现，而是画家主观情志对所描绘对象在内在生命意识上的重合。仇英的《剑阁图》，创见性地开掘了主题思想，为整幅画的安排与设计奠定了极厚实的基础，再一次证实了中国画特有的美学标准——既要求具有表现对象形神之"似"，又要求具有画家独特感受的"不似"，两者有机统一，强调画家独特的生命感受。画家只有"胸有炉火锤纯"，才能熔铸出染有画家情思、别具一格的艺术形象。

再从作画的规律看，中国画尤其重视"意"，古人作画"贵在立意",强调"意在笔先","意奇则奇,意高则高,意远则远,意深则深,意古则古,庸则庸,俗则俗矣"。"意境"是客观事物最精粹的部分,加上画家思想感情的高度概括和运用巧妙艺术手法表现出来的艺术境界,才使作品有了高低雅俗之分,而这关键在于"立意"。仇英的《剑阁图》,在不违背诗作者原意的基础上,大胆地输入自己的思想感情和见地。由于理正气清,画面飘洒着一股浩荡之气,加上画家腕底的奇逸之趣挥洒不凡,使《剑阁图》轴脱离平庸而成不朽之作。

《剑阁图》全图气冲霄汉,深不可测。全图大致可分为三段。上段为群山起伏,"连峰去天不盈尺","可以横绝峨眉巅"。山势之险峻,"黄鹤之飞尚不得过,猿猱欲度愁攀援"。一派"蜀道之难难于上青天"之慨,足以让人"扪参历井仰胁息,以手抚膺坐长叹"。山势之险峻,山河之壮美,在仇英的画笔下被描绘得活灵活现,淋漓尽致。中段主要描写一队队行商旅行的人冒着严寒,踏着山势险峻的天梯石栈缓步向前,展现在他们眼前的是"枯松倒挂倚绝壁","但见悲鸟号古木,雄飞雌从绕林间"。但是,人们终究没有在无情的大自然面前瑟瑟发抖或畏缩不前,而是齐心一致,互帮互助,越过一道道绝壁,冲破一个个困难,朝着既定目标向前、向前!给观者一种强烈的不畏艰难、勇往直前的感觉。下段描写激流飞瀑,悬崖深壑。尽管山下比山上平稳多了,但依然是十分陡峭的,而且冰雪覆地,稍不小心,就会坠入万丈深渊。人们只得一边敲冰一边扫雪一边缓步前行。全图给人以壮美、雄奇、激越之感,现实主义和浪漫主义得到了很好的融合。如此浩繁、高大而形象的画面,也表现了画家仇英驾驭大场面的非凡才能。

俗话说画如其人,从优秀的绘画作品中,我们也能够体会到画家的人品、气质和灵魂之美。著名画史论家陈衡恪就曾说:"画家第一要人品,第二要学问,第三要才气,第四要求艺术上的功夫。"仇英在这四个方面都可以说是出类拔萃的。尽管他学习的功底不厚,但他从不自暴自弃,不放弃一切可以增长知识的机会。他在绘画实践中深谙"不积跬步,无以至千里;不积小流,无以成江海"的道理,努力促进知识的更新和画技的锻炼。在进行绘画创作时,知识丰富、学养渊博可以使思路广阔,想象驰骋,寄托深远,促使画家达到挥洒不凡、笔简意赅的效果。

就以仇英创作《剑阁图》时的情况而言,当时仇英正客居于富商、收藏家之家。他一边为他们绘制作品,一边认真读书,大量临摹名人古画。可以想见,仇英读书是十分认真的,因为与他同时代的书画家大多属文人画家,文人画所追求的就是"书卷气",也就是指读书明理,这正是他所缺乏的。所以碰到这种机会,仇英如饥似渴地读书,胸中学问一有长进,寄托自会辽阔,挥洒自会不凡,画境当然也不同一般。《剑阁图》的出现,说明仇英对《蜀道难》读得非常透彻,如果没有相当的历史文学知识,这是不可能的。

◇ 陈师曾

1876—1923

名衡恪，字师曾，以字行，号槐堂，又号朽道人，中国画家

祖籍江西义宁，出生于湖南凤凰。梁启超称他为"现代美术界具有艺术天才、高人恪、不朽价值的第一人"。

仇英专攻青绿山水，他临摹了不少青绿山水的古画与名人作品，也就为他独立创作提供了条件。《剑阁图》没有古本可摹，全凭仇英在吃透《蜀道难》诗意的基础上进行创作构思。所以，《剑阁图》是仇英创作意识最深、画得也最标准的青绿山水画。因而被历代帝王和史论家们赞颂，也是理所当然之事。

仇英能画出如此标准的青绿山水画，还有一个条件是不能忽视的，那就是当时商品经济的发展，促使苏州的手工业有了长足的进步。据记载，当时苏州城手工业者已有五万余人，产品可分帛、布、剪采、器用、酿造、品馔和工作居共七大类，六百多个品种。"文房四宝"笔、墨、纸、砚的生产，无论在数量还是质量上都有新的提高。由于外国商品的刺激，我国的颜料生产也有了较大的发展，出现了柳芳绿、红白闪色、鸡冠紫、迎霜金、栀红、胭脂红等贵重色种。这就为我国绘画，特别是需要颜色作为支撑的青绿山水的重彩画的发展提供了

《明皇幸蜀图》原为唐代画家李思训（一说李昭道）的作品，描绘了唐玄宗李隆基为避安史之乱，在大队人马跟随下，行走于蜀中的情景，是唐代山水画中的重要作品。此图为仇英仿作。

**明皇幸蜀图**

明代，绢本设色
135厘米×62厘米
美国弗尔利美术馆藏

不可缺少的条件。

从总体上看,《剑阁图》作为青绿山水的代表作,有非常鲜明的艺术特色。画家的笔墨技巧明显继承了南宋李唐、刘松年画派的严谨整饬作风,无论是山岩还是树林,都描绘得极其精细缜密。尤其画面上第一段上方的峰顶,转折搭连,高低参差,虽极其繁复却层次分明,空间深度感很强。画面上许多人物的刻画也同样严整不苟,动作姿态各尽其状。色彩的敷染以赭色和螺青为主基调,渲染出凄冷萧飒的氛围。从中也显示出画中人物坚定不移、排除万难的勇气和毅力。

在《剑阁图》中,仇英还以严谨整饬的画风,将山水与界画紧密地融合在一起,所以无论是峻山树木,还是山水中的亭台楼阁,都描绘得极其工笔精细。比如,画面的中段有一座不小的木桥架设在乱石小瀑上,细心的观者连根根桥柱都能看得清清楚楚,给人一种既结实又惊险的艺术感受。难怪不少画史家与史论家都评品仇英的界画与青绿山水画,在明代画家中堪称第一。

仇英青绿重彩的手法在山水画上的运用,在《剑阁图》中是非常突出的,我们不妨做些剖析。仇英的《剑阁图》艳丽辉煌的色彩达到了惊人的程度。按当时的颜料品种的质量来说,色彩的纯度并不很高。然而,就这看来纯度不高的颜料在仇英手里,为什么在画面上却能出现如此艳丽辉煌的效果呢?这主要是因为仇英掌握了巧妙的着色技法,那就是加染与罩染的技法。所谓罩染，就是在上完第一次底色以后，再用透明色笼罩在后来所染的色彩上面，这样既算加了一层色，又让底层色能透上来，上下两层交互作用，自然就增加了色彩的艳丽程度。为了避免罩染时动摇下面的色层，还需在罩染时先刷一层胶矾，等胶矾干后再染。胶矾不仅使原色层稳固，还能起到托色作用。因而刷胶矾成了工笔重彩画越染越鲜艳的保证。这种技法在当时已被采用，如唐寅绘制牡丹花时就采用了"三矾八染"。《剑阁图》的第三段下部，四名已下山的人物在整装待发，这四人就用了七八种颜色，十分醒目与鲜艳，用的就是罩染法。从画面上可以看出，底色为赭色，用过胶矾后，再依次上青、绿、红、白、黑等色，"三矾八染"后才能成为现状。既使画面绚丽夺目，又突出了人们面对大自然的威胁毫不惧怕、一往直前的精神。

还有一个问题是，纯度过高的色彩配置在一起，常常不易调和，仇英就巧妙地利用轮廓线的作用。运用墨轮廓线来切割不调和的色块，就可以使各种色彩的气息虚实更加鲜明而富有节奏，使画面达到既突出分明又浑融协调的辉煌效果。《剑阁图》中，全图的底色是赭色，以增加画面冷峻的气氛。但山石与树木都为赭色，中间没有过渡，色彩就不调和，事物就不易分明。仇英采用的处理方法是在山石与树干的交界处以墨轮廓线加以分割，就使山石分界清楚，观者一目了然。再加上树梢染上螺青色，山石配以黑色与青色，一时之间，整幅画面顿时

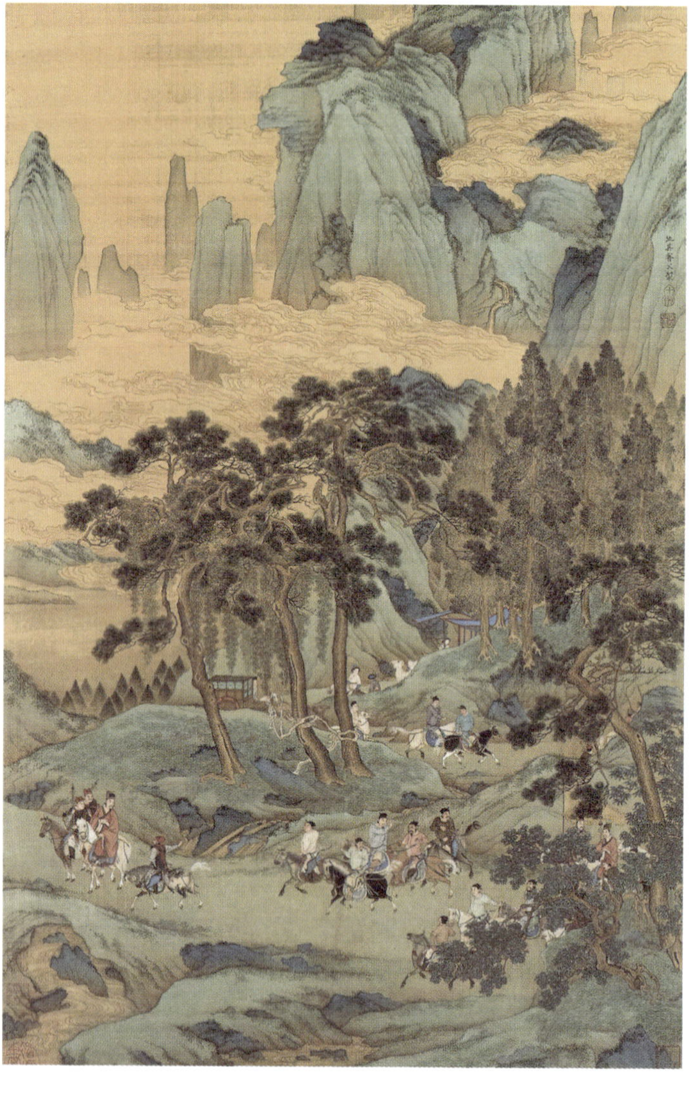

**明皇幸蜀图（局部）**

明代，绢本设色
135厘米×62厘米
美国弗尔利美术馆藏

艳丽起来，栩栩如生。

仇英除了善于使用轮廓线外，还注重配以其他特殊的色彩，以取得更坚实有力的色彩效果。他在画面色彩不易调和的地方适当配以金色或银色，就会产生调和乃至金碧辉煌的效果。《剑阁图》第三段山下的松木倒垂，松树的枝干为赭色，为全图的基调色；树枝翠绿色，仇英在一些树枝上涂以银色，表示积雪莹莹，顿时画面平添辉煌之感。某些赭色的山石上涂些金色，也增添了图画动人的效果。这些辉煌之色，有力地激起了观者精神上的强烈快感和满足。这一切都使得《剑阁图》当之无愧地成为仇英留下的青绿山水杰作。

第四章

# 推陈出新

画师周臣,而格力不逮。特工临摹,粉图黄纸,落笔乱真。

——王穉登《吴郡丹青志》

# 一

仇英一生画得最多的画,应该是仿古一类的作品,流传至今,也以仿作为多。可以这么说,仇英在仿古画方面,已经堪称一代巨匠。

临古人之迹,师古人之心,以自己的天赋秉性在深厚的传统中寻觅自己艺术生命的立足点,这是仇英一生为之奋斗而不懈的追求。仇英的师古仿古,即使在他的画技与声誉有了相当的提高后,依然毫不放松。他仍然时时不忘对古画的学习与临摹,可以这样说,仇英绘画的一辈子,也是他仿古临摹的一辈子。

仇英由于深得传统的滋养,他所临摹、仿制的古画不但逼真,而且可以乱真、夺真。因此,仇英成为当时最被赏识的临摹古画的高手。画史上有载:"画师周臣,而格力不逮。特工临摹,粉图黄纸,落笔乱真。"

仇英的仿古临摹与一般画家不同,由于他没有受过专门训练,文化基础又较薄弱,所以他把每一次临摹都当成极好的学

楚江楓葉
時吞天秋水
氣連湘松、
舟子情悠悠
悵望風人空
所思
乾隆宸翰

**秋江待渡图**
明代，绢本设色
133.4厘米×155.4厘米
台北故宫博物院藏

青松红树，崇山环抱，秋山秋水的景色，最是怡人。可岸边的人们，心情是焦急的：渡船为何还不来？画家笔墨精工，设色艳丽，咫尺画幅间，描绘出秋季寂寥的高远意境。

习机会，非常专注认真，特别是在他与文徵明父子交往后，又拜周臣为师，更感到仿古临摹是最好的训练与学习。他不仅可以学到许多前辈名家的传统技艺，也可以使自己的绘画技艺在不同风格之间转换自如。仇英的仿古临摹方式通常有两种：一种是专临一家，临摹到几乎可以乱真。仇英临摹古画在当时很出名，以至于发展到苏州专门有临摹古画的队伍，并以"仇英片"的名义出现。另一种是遍临诸家，然后合而为一。在仇英的画作中，我们可以看到许多前辈画家的影子。人数众多，但丝毫不见有拼凑接合的痕迹，这是许多画家难以做到的。

仇英从太仓迁居苏州的时候，还是一位十七八岁的年轻人，擅长漆工，又天性喜欢绘画。因为画得好，所以抱着向职业画家方向发展的想法。在苏州，他举目无亲，要使绘画有长足的进步，主要还是靠借鉴和仿古，这是最清楚不过的道理了。

观察体验自己所经历的生活，所见

到的人和事，还有山林、河流、花鸟等，来从事写生，为绘画提供素材，这当然是不可缺少的。然而，人生苦短，要走捷径，要很快进入艺术创作，就必然要借鉴、仿古。借鉴过去的一切成果，借鉴历代各位名家的技艺，融会贯通，才得以为己所用。仇英非常明了这些道理，所以他坚持不懈，利用一切机会与场合仿古临摹。仇英出身贫寒，地位不高，但幸好老祖宗流传下来的绘画作品随处可见。当他进入富翁和收藏家之室后，那些古老的艺术珍藏也向他展现出春天般的笑脸。壁上、绢上、纸上的艺术精品，就如魔术万花筒般，纷至沓来，向仇英传达它们的问候和期许，源源不断地为他提供艺术典型的借鉴和表现的基础。如仇英的《孝经图》，就是他临摹宋代画家王瑞的《孝经图》而成的。构图、内容等完全忠实于原作，但只需仔细对照原作，就会发现在线条的勾勒上，仇英采取了比较细润的文徵明一路的技法，可见仇英即使在模拟作画的时候，也并不是亦步亦趋、一成不变，而是根据自己的需要选择最为合适的画法。

此图为仇英少有的佛经画之一，描写的是《宝积经》中鬼子母的故事。鬼子母整天吃别人的孩子，如来佛看不下去了，把她的孩子鬼子收到琉璃钵中。鬼子母带着一帮魔鬼前来救子未果，佛陀趺坐莲花台，法相庄严，鬼子母最终发誓皈依佛门，永不杀人，鬼子从钵中出。

揭钵图（局部）
明代，绢本设色
138.3厘米×29.1厘米
美国弗利尔美术馆藏

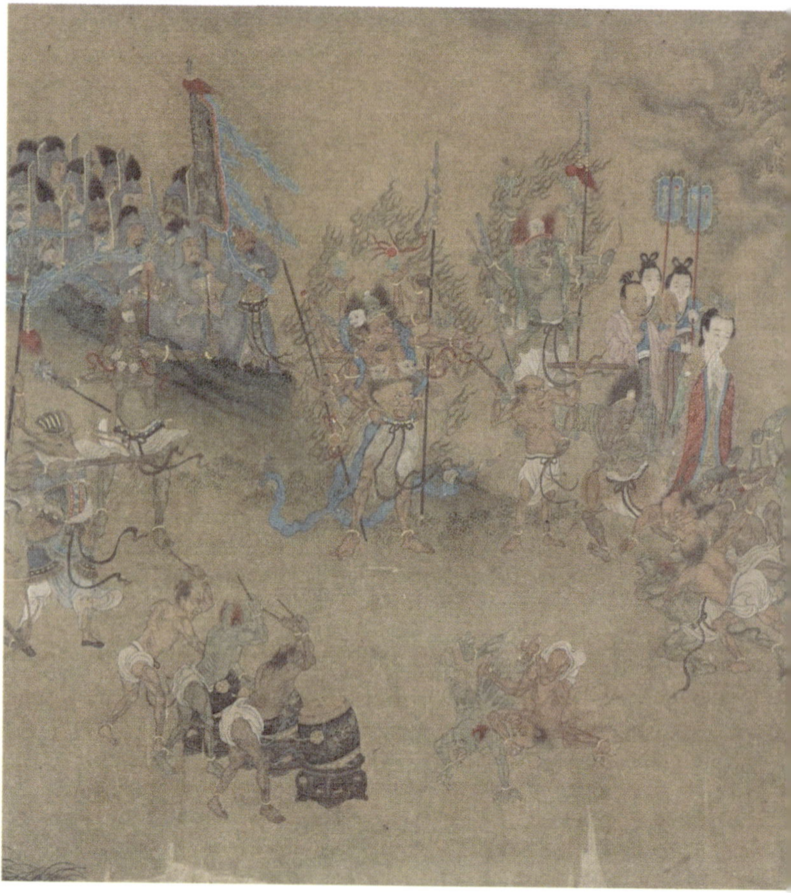

**揭钵图（局部）**
明代，绢本设色
138.3厘米×29.1厘米
美国弗利尔美术馆藏

# 二

"笔精墨妙",这是用来说明笔与墨在绘画的相互关系上所起的艺术作用。仿古临摹中也常常能显露出笔与墨的差异,从而反映出画家的内涵和修养。如果把一幅名画照样摹写一幅,就可以发现内容极易相同,但笔墨难以一致。如上述《孝经图》,仇英的笔墨与原作者王瑞的就有所不同。这并不是说仇英仿不出王瑞的笔墨,而是故意不为之。为了使作品绘制得更好,仇英改用笔墨,用另一家即文徵明的"细笔"尝试。这一出人意料的举措却使《孝经图》显得格外清秀俊美,更加向仇英自身的特质靠拢。这也说明绘画只有依靠仿古借鉴,来认识笔与墨之间的规律,才能获得典范的启发,由单纯的模仿向创新发展。

实践证明,没有经过一定的锻炼,没有经过这样或那样的仿古借鉴,画家的画笔就很难挥洒自如。画家在下笔时,即便是画一条简单的墨线,它对于表现对象也会有积极的作用。它的形象以及气格情调,就是所谓"用笔"。而笔必须通过墨来表达，笔墨自始至终是唇齿相依的。笔运用墨来表现笔自己，如果笔运用墨表现不出笔自己，只是被运用来表现墨，那就不能窥见笔自身，而只是一条墨线条。可见，临摹古人作品要临得活灵活现、笔墨相当，也不是一件容易的事。临摹者不仅要有扎实的功底，而且还要吃透被临摹者的人生经验、绘画风格与技巧等，才能临得惟妙惟肖，并举一反三。如仇英的《临宋人画册》就是这样的作品。这些作品下笔如有神助，无论在造型的定位上，还是在神态的精细描绘上，都丝毫不逊色于原作。

仇英在绘画的艺术生活中，有不少时候是故意去临摹仿古，以求提高。但他不仅仅是为了临摹而临摹，而是在作品中积极投入自己的主体情志，使看似相同的画作呈现出完全不同的美感。唐代的张彦远曾说："夫象物必在于形似，形似须全其骨气，骨气形似皆本于立意而归乎用笔。"宋代苏东坡也有诗云："论画以形似，见与儿童邻。"这就是说，评论画不能单以形似作为尽了绘画之能事，更重要的在于用笔墨来表达精妙的立意和呼之欲出的神态，否则生动就无从谈起，更谈不上有什么艺术性。这样的借鉴、仿古，为现实的艺术创造提供养料。如仇英创作的《桃源仙境图》，是以东晋陶渊明的千古名篇《桃花源记》为母本而创作的。仇英在创作这幅山水画时，画面构筑的是富有幻想色彩的仙界景域，隆崇的峰岫层起叠涌，云霭氤氲缭绕，万松掩映下，宫殿下的楼台巍峨瑰玮。山脚下溪泉潺潺，板桥曲径，长松蔽日。三两文人安坐在奇石间弹琴赏乐。这一境界与《桃花源记》的"良田美池桑竹"的农家平和理想迥异，仇英将"桃源"异化为"仙境"，是那个时代的人们追求繁华物质生活的折射。为了反映好这一仙境，仇英在笔墨上大力借鉴了唐代的李思训、宋代的青绿山水传统，并掺入了李唐、刘松年的造型手法，形成工整和富有装饰意趣的形式特征。如实如幻的意境，繁缛精丽的形式，完满而精致地表达出仙境的华美气氛。

再具体一点，仇英在绘制《桃源仙境图》时，很可能借鉴了南宋赵伯驹的《万松金阙图》，该图远峰层立，山势重叠，工中带拙，与《桃源仙境图》如出一辙：万松用浅绿横扫，清新而雅逸。仇英还依照南宋的《汉宫图》，以界画方式细微勾勒了《桃源仙境图》中分布在山间的宫殿楼阁，富丽而豪华，更显出了仙境的氛围。类似的创造还有许多，如仇英《临萧照高宗中兴瑞应图》，属刻意临古之作，此图为仇英客居项元汴家时所作。当时，仇英有机会饱览了许多名家名作，视野大为开阔，他有意选择此图作为临本，是因为南宋萧照所画的《高宗中兴瑞应图》构思严谨，设色精细，用笔粗健，是临摹之范本。从现存"射兔""授衣""渡河""占卜"四段看，仇英构图位置跟原作基本相同，全图几与原作难辨真假，确是眼高手也高之临摹本。但仔细观察比较，也有相异之处。如树石布景略有小异；山石皴法除袭用小斧劈皴外，加入了细密的点子皴和牛毛皴，笔致较为灵秀婉和。可见仇英摹古时也掺入了自己

**桃源仙境图（局部）**

明代，绢本设色
66.7厘米×175厘米
天津博物馆藏

桃源仙境图（局部）

明代 绢本设色
66.7厘米×175厘米
天津博物馆藏

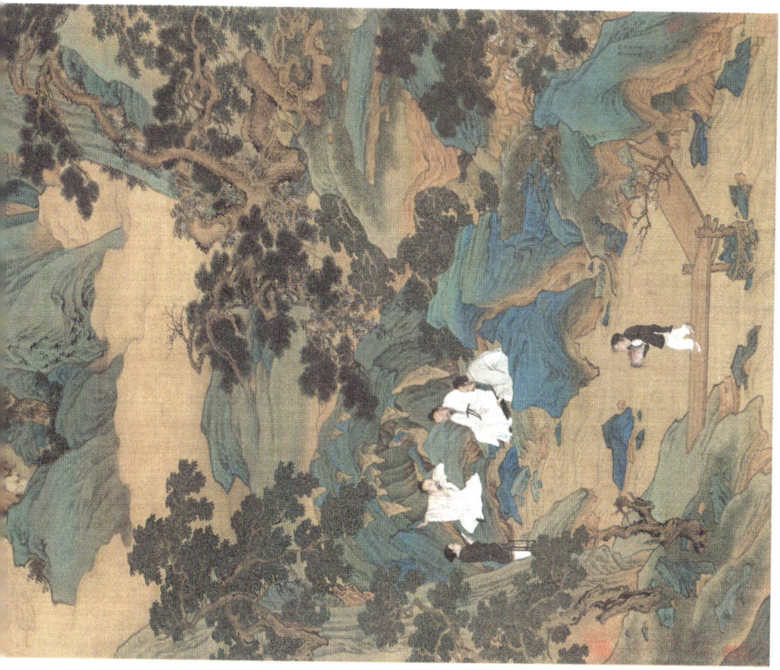

的创意。

  这也说明，借鉴仿古，不能仅仅师古人，更应该师造化，融入自己的思想情感。否则，即使临摹得跟古人一模一样，还是难以摆脱千篇一律、停滞不前的弊病，成为各种符号的叠加，更谈不上临摹的真正目的——发展与创新了。仇英的山水、人物并重的《松溪横笛图》，能很清楚地看到他与周臣和刘松年的渊源关系，又能看到他同源而异流、自成一家风貌的特征。在《松溪横笛图》中，仇英画山石采用刘松年小斧劈皴，劲利如铁画银钩。人物则仿周臣细浅淡色，雄浑之中透出明秀。同时，仇英又能将李唐、刘松年刚健雄畅的笔墨变化得精致灵巧，透出他寓秀逸于雄健的自家风神。

  既要仿古师古，又要师造化，这就要求画家在学习古人传统技法的同时，也必须从中吸取他们对待生活的态度、方法，以及学习他们在绘画中如何选择、概括、运用千变万化的生活形象。在这方面，仇英也是相当下功夫的。

# 三

"传移模写"是中国画创作原则的"六法"中的一条,其一层含义是指通过临摹的方法学习基本技法,另一层意思是强调中国画的形式语汇具有很强的历史恒定性和传承性。因此,历来中国画家几乎都是从临摹古代作品入手,作为掌握绘画表现手段的入门途径。一位临摹古迹能达到形肖神似的画家,并不被轻视为仅是会复制的工匠,而往往被推许为技巧精熟的丹青高手。然而,仇英并不停留在这一步。他在这一步的基础上,不断地掺入自己的创意,终于成为绘画技法和风格类型上的明星,一位画艺精湛的职业画家。所以仇英晚期的临摹作品,往往仿古人而以己意为之。仇英面对真迹,能精心探求其结构的出入、偏正、安放、笔墨等所运用的匠心,所求"必于我有一出头地处"方可。其古为今用、古为我用的目的十分明确。像仇英的《清明上河图》,除了保存了原作结构严谨、情节跌宕有序的特色外,在艺术表现上却更为精工巧丽,而且加入了许多当时苏州的风貌、人物,这其实表达了仇英内心的一种情

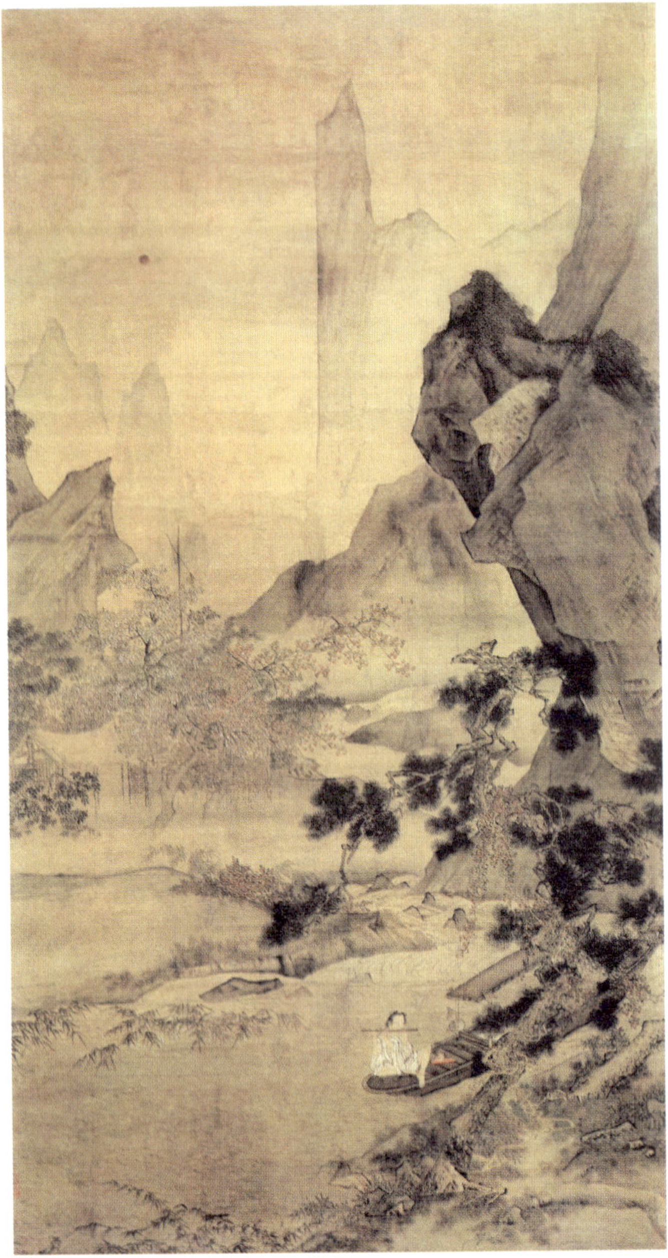

**松溪横笛图**
明代，绢本设色
65.8厘米×116.4厘米
南京博物院藏

感指向。这样的模仿，已经是学古求变、学古求化的举动了。我们从这幅仿作中，不难窥见在仇英看似古井无波的心中其实蕴含着激荡跳跃的心绪，他对于当时的世态民俗深有浸染，这种心情投入到画中，便给画作带来鲜明的个人禀性与特质。

仿古临摹真到了一定的程度，原则都已浑化其中，也就是达到了我们常说的"熟而能化"的程度。借古人粉本乃至不要粉本，自我创造以涤荡胸中之沉浊。再结合画家心中的灵气，就能够锻造出大批优秀作品。仇英的另一幅《孝经图》也是抒发胸中意气的作品。仇英曾画过好几幅《孝经图》，都为临摹之作，但他后来另画了一幅自己创作的作品。《孝经》是讲人活于世，应对天地君亲尊敬及孝顺的处事之道。图中讲的是"宗庙致敬，不忘亲也；修身慎行，恐辱先也。宗庙致敬，鬼神著矣。孝悌之至，通于神明，光于四海，无所不通"。画中可以看出仇英用笔的刚劲、简练，一丝

在幽静的山谷中，一轮明月高挂，画中人泛舟溪上，悠闲地吹着横笛。这幅意境悠远的山水画极具世俗风情，图中山水、人物并重，在山水环境中安排生动的人物活动情节，是仇英山水画中一个重要的特色。

不苟的界画显得十分精细，尽情地发挥了他独特的艺术才能。

　　从仇英的仿古、变古、化古的过程中，我们再清楚不过地看到了对古代传统的借鉴、发掘，必然有利于对传统的再阐释和再创造。学古而变古、化古，继承传统而不忘自我创造，这样的变古、化古，必须是一种极有价值的升华，是造就一代画家的必由之路。仇英在这样的艺术道路上一生拼搏、奋斗，为我们留下了大量精美而有重大价值的仿古之作和创作之作。直至他生命的最后时刻，还为我们留下了一幅极其精致的仿古之作《职贡图》。"职贡"一类题材的绘画，历史久远，它是专门描绘异邦藩属持物进贡的画幅，通过画面或随图的题记，来宣扬中土的强盛辉煌。一般来说，此类画幅都由宫廷出面组织画家创作，所画内容都是纪实性质的。而仇英的《职贡图》并不属于这种情况，它宣扬"八方向化"的内容，并无特定的事实所指。图中的职贡队伍有十一支，数百人之多。每支队伍均打有一旗，旗上分别写有"九溪十八峒王""汉儿""渤海""契丹国""昆仑国""女儿国""三佛齐""吐蕃""安南""西夏""朝鲜"等字样，浩浩荡荡、热热闹闹而来。与南朝梁萧绎所绘《职贡图》相比，呈现出迥异的特征。全图画法工细，色彩极其漂亮鲜艳，具有很强的自我意识与个人创见风格。《职贡图》卷不愧为仇英仿古之作中的精品，仇英无愧为中国古代绘画史上独树一帜的仿古画大家。

所谓"职贡",是指异邦藩属持物进贡的意思,有关这一类题材的绘画,在我国历史悠久。仇英的这幅图属一般意义上宣扬"八方向化"的内容,并无特定所指。全图画法工细,色彩鲜艳,不愧为精品之作。

**职贡图(局部)**
明代,绢本设色
580.2厘米×29.8厘米
故宫博物院藏

# 四

下面我们顺便谈谈仇珠。仇珠作为仇英的女儿,画史上记载的内容较少。这并不奇怪,即使是仇英本人,我们也只能偶尔从名人题识中窥得一些蛛丝马迹,何况名声远小于他的女儿。仇珠出色的绘画,大多是在当时很少的一些美术史论家对仇珠作品的题跋或记载中被提到,这些题跋和记载既零星又分散。仅就这些零星的记载来推断与分析,仇珠在当时是一位颇有名气的女画家。她与当时的女画家文淑(文徵明之玄孙女)、林奴儿、马守贞、薛素素等人为中国女性画家的画史增添了奇光异彩。

仇珠,号杜陵内史,是仇英的女儿。根据画史传记汇集的片言只语,我们得知仇英至少生有一个儿子和两个女儿。儿子和另一位女儿的姓名已经无从考证了,不过,可以明确的是另一位女儿嫁给了仇英的得意门生——著名画家尤求。他继承了仇英的画风。仇英的第三代可以分为两个支系,一个是仇英的孙子,是位聋孙,姓名已无从考证;另一位即仇英的外孙女尤

**职贡图（局部）**
明代，绢本设色
580.2厘米×29.8厘米
故宫博物院藏

氏，也能作画。尤氏嫁给了当地画家周凤仪，夫妇两人以卖画为生。她同时也是一位诗人，能写一手好诗。可见仇英的后代大多继承了他在绘画方面的兴趣，即使没有专门读书习文，但受到家庭环境的熏陶，也具有比较丰富的常识和深厚的文化功底。

仇珠也是如此，我们虽不知道她的生卒年，但她自幼聪慧内秀，从稍懂人事起，便常常观看父亲作画。仇英对于这个喜欢绘画的女儿自然倍加怜惜。非但创造条件让她习画，还手把手地辅导她，为她讲解绘画中的要害与关节，帮她改进笔墨上的不当之处，如此一来，仇珠当然慢慢地精通笔墨之道了。

仇珠成年后应该是嫁过人的，但是由于史料的缺乏，我们也不知其嫁往何方，只是猜想，她的婚姻也许是不幸的，所以她宁愿一个人生活，在烧香、弹琴、磨砚、绘画中了却残生。

仇英从中年起就长期客居异乡，在那些钟爱其画作的大富翁或收藏家馆中流连作画，直到去世。在这期间，仇珠无论婚前婚后都有机会被父亲携往同住一段时间。这样，仇珠就有充足的时间和父亲一起观习古画，听从父亲教诲，并且练习不辍。等到仇珠的画艺有了明显长进后，仇英为了提携她，经常请一些名画家在她的画上题识，壮其身价。有时候还主动推荐女儿接自己的班，并积极推荐她跟一些名流认识。因此，慢慢地仇珠在吴中画坛也小有名气起来。仇珠的姐夫尤求跟当时的大学者王世贞很熟，因为这层关系，王世贞对仇珠的才气也颇为赏识。仇珠的《观音人物像》问世时，王世贞还专门在集子前写了"心谶言"，使仇珠的声誉顿时大增。王世贞还将当时著名的文人屠隆介绍给仇珠认识。屠隆不仅是个诗人和剧作家，他还在茶道、家具、服饰、纸、墨、笔、砚、香和工艺品的研究上具有较高的造诣。屠隆与仇珠的往来，也带给她不小的影响。

跟仇英一样，仇珠也时常要帮一些名人的诗文配图。如王宠所书叙事诗《洛神赋》书法，便要求仇珠配图，仇珠即为同名叙事诗书法配绘。《洛神赋图》流传后，王宠的题跋得到了社会上的广泛赞赏，而仇珠的绘画艺术也得到了很高的评价。

有一次，一位有地位的贵族妇女委托仇珠绘制一幅画作为生日礼物。仇珠思索再三，绘制了一幅《园居图》，描写在一座园林中，几位贵族女子在幽静的花园平台上做各种娱乐活动。这幅画很得订件人的赞赏，以后对仇珠的邀约便多了起来。之后，仇珠创作了一定数量的同类题材作品。这些作品往往实景写照，很显然受到其父早期风格的影响。从仇珠留下的作品看，除了少数花卉画及山水画外，主要是人物画，而且以世俗及宗教题材的人物画偏多。这与当时的女画家以创作笔简意赅的花鸟画居多是迥然不同的。这显然也是受到其父仇英的影响所致。

仇珠继承了其父仇英的画风，作品功力相当深厚，且精工秀丽，落笔不凡，没有一丁点媚俗之气。画史论家王穉登对仇珠的绘艺予以很高的评价，云："粉黛钟灵，翱翔画苑，寥乎罕矣。仇媛慧心内朗，窈窕之杰哉，必也律之女行，厥亦牝鸡

**职贡图（局部）**

明代，绢本设色
580.2厘米×29.8厘米
故宫博物院藏

职贡图（局部）
明代，绢本设色
580.2厘米×29.8厘米
故宫博物院藏

之晨也。"能够流传至今的仇珠作品不多，主要的作品存放在台北故宫博物院，有《白衣大士》轴、《七夕穿针图》等等。从流传下来的作品看，仇珠主要是以人物画为主，也画有少量的山水、楼阁图，而且是以人物背景来表现的。仇珠特别擅长人物故事画和大士像功德画，且多反映妇女生活。像《七夕穿针图》就是很成功的作品，这幅画按古文《荆楚岁时记》中所描绘的情景作为蓝本加以创造，"七月七日为牵牛织女聚会之夜，是夕，人家妇女结彩缕，穿七孔针，或以金、银、鍮石为针，陈瓜果于庭中，以乞求智巧"。图中，两个年轻女子面对织女星穿针引线，神志极其认真；身后平台上，一端庄妇女静目而视，其左右簇拥着男女童仆各二；两条相互嬉闹的小狗打破了周围的宁静。这幅画既真实地记录了当时的民间习俗，又表现出妇女们的勤劳和聪颖。再如《女乐图》，画家以极其敏锐的观察力和卓越的表现力，将人物演奏时的愉悦心境及举止生动传神地表现了出来。人物衣纹线条流畅，运笔圆劲有力，设色以青、绿、红为主，冷暖色和谐搭配，艳而不俗。殿宇以界尺、直笔表现，其结构复杂精巧，却不失华丽而庄严的整体性美感。

仇珠和她的父亲一样，一生中临摹了许多古迹名画，据说她曾临摹过宋代艺术家李公麟的白描图，工致秀逸，竟似不食人间烟火者。在绘画技艺上，仇珠基本上承袭其父，但在长期的绘画实践中，也形成了自己独特的画风。如在构图上，仇珠很注意人物之间的和谐协调。同一幅画上的人物，都十分注意相互之间举止呼应，甚至眼神顾盼。在使用色彩颜料方面，仇珠喜爱用色泽艳丽的色调，又能够恰到好处地戒除媚俗浮躁之气。她能利用色彩之间的相互衬托来达到色调的和谐统一。正如画史论家方薰所说："设色不以深浅为难，难于色彩相和，和则神气生动。"看来，仇珠是深深懂得这一道理的。在表现方法上，仇珠与仇英相似，多作工笔重彩，人物的衣纹精细流畅，线条刚劲婀娜，人物情态传神入化。如其所绘制的《白衣大士》轴，画面上有一位慈眉善目的观音，安详平和地稳坐在出水芙蓉之上。除了对观音的服饰略加渲染之外，莲叶、苇草等均用白描勾勒，轻舒漫卷，衬托出观世音一尘不染的圣洁。这幅画由于画得形象逼真，很易为人所接受，在社会上广为流传。著名文人姜绍书评此画时说："于慈容端穆中，妍雅之致，隐然像外，望而知为闺秀之笔。"

对于仇珠人物画的艺术评价，钱大昕在跋仇珠所绘《洛神赋图》时说："杜

◇ 王穉登

1535—1612

字伯谷，号松坛道士

明朝后期文学家、诗人、书法家

江苏苏州人。著有《吴社编》《弈史》《吴郡丹青志》。擅长书法，名作有《黄浦夜泊》等。

东晋时期，诗人陶渊明撰写的《桃花源记》记述了武陵渔夫偶入与世隔绝的地方，惊叹于看到的和谐美好的生活。自此之后，桃花源成为中国文人画家喜欢表达的内容之一。此画卷以武陵渔夫的行踪为主线，画中出现了四十多个人物，形态各异。画中人物与山水完美结合，表现出悠闲自得的田园生活。

桃花源图（局部）

明代，纸本重彩
472厘米×33.0厘米
美国波士顿艺术博物馆藏

陵内史染濡家学，写洛神飘忽若神，一扫脂粉之态，真女中伯时（即李公麟）也。"在绘制作品的规模上，仇珠受其父影响，多作尺幅较大的卷、轴，至今尚未见有扇头类的小画。

为了进一步探究仇珠绘画的风格与特色，以及她的绘画艺术所处的地位及作用，我们不妨将她的画艺与当时的一些女画家做些比较。由于吴门画派的兴盛，一些著名画家往往父子相继、夫妻相传。在当时，苏州出现了许多家学渊源的绘画世家。像文徵明的玄孙女文淑与仇英之女仇珠，便成了这些绘画世家的女成员。当时的苏州，一般文人雅客家的女子在出嫁之前都能受到较好的教育，知书识字，琴棋书画都能在行。无形之中，形成了吴门地区的闺秀画家群。如王宠有一位女儿就擅绘白描，徐季恒之女徐安生则擅仿吴镇、倪云林之笔意，而仇珠与文淑更是其中的佼佼者。

即以仇珠和文淑相比较，她们虽同属闺秀画家，但由于家学渊源不同，个人天资才学及秉性也有差异，在绘画风格上自然也有所区分。在创作题材上，文淑主要绘制花鸟画，虫蝶、古木、湖石，一派园林小景的情调。而且，她的画中没有过多的背景。人物画方面亦只是偶尔为之。而仇珠以人物画、山水画为主体，人物画中常有山水画作为背景，山水画中也有人物作为衬托，很少作花鸟画，也很少有小景小品的画，全景式的构图较多。在绘画设色上，文淑受其家庭影响，以柔和为主，格调清闲淡雅；仇珠则以青绿、浓艳为主，色调厚重，受其父影响。在艺术表现上，文淑言简意赅，常以写意设骨法为主；仇珠以工笔勾勒法为主体。在构图上，文淑以简约取胜，仇珠则以繁复见长。另外，在落款上她们也无不受家庭影响。文淑的画上一般都落名款或年款，如"庚午仲夏廿又九日天水赵氏文淑画""乙巳夏文淑画""天水赵氏文淑画"等，印章则有"端容""赵文淑印""文端容氏""寒水兰闺画史""兰仪玉度""兰闺"等。而仇珠的作品则很少落款，名款亦只简单署"杜陵仇氏"等，印章极少。

由于商品经济的发展，四面八方的沟通，江南一带盛行妓女。特别是在供上流阶层人士娱乐、助兴的被称之为"官妓"的妓女中，出现了一批书画家，像薛素素、林奴儿、马守贞等都曾在江南苏州一带红极一时。这些妓女天赋聪慧、长相秀美，社会接触面又广，琴棋书画都很内行，她们凭借曼妙的姿容和出色的才艺来提高自己的身价，进行社会竞争。

◇ 李公麟
1049—1106
字伯时，号龙眠居士
北宋著名画家

安徽舒城人。好古博学，长于诗，擅画，人物、释道、鞍马、山水、花鸟，无所不精，被称为"宋画中第一人"。

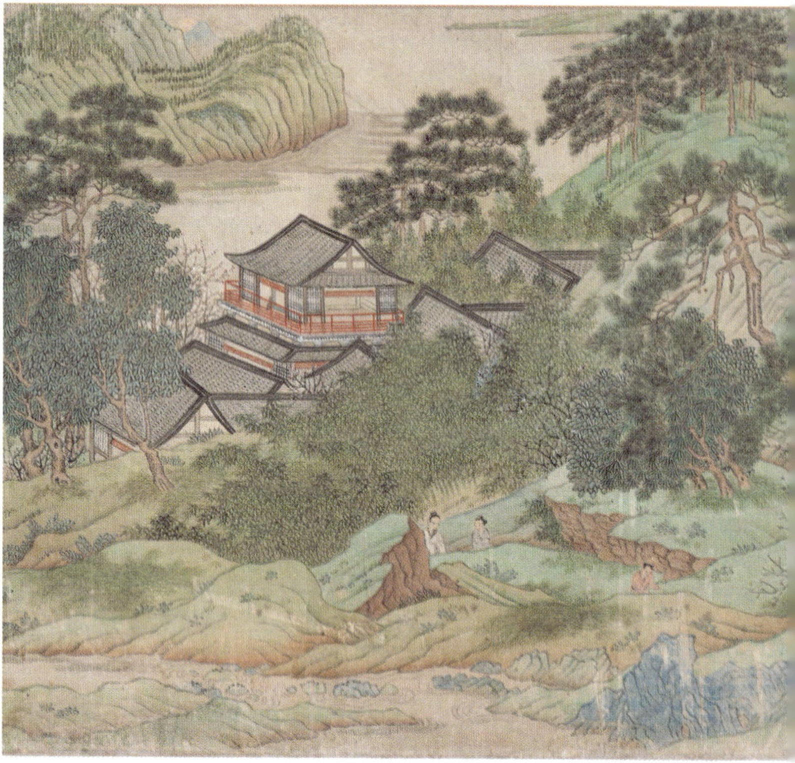

桃花源图（局部）

明代，纸本重彩
472厘米×33.0厘米
美国波士顿艺术博物馆藏

仇珠的画艺与这些妓女画家相比，似乎也瑕瑜互见，甚至瑕多于瑜。如金陵艺妓薛素素，既能画山水、兰竹，又能画水墨大士像，还能写黄庭坚的小楷，兼善诗词。又如名妓马守贞的花鸟画技法精湛，无可挑剔。她绘制的《兰花图》现藏于美国大都会艺术博物馆，优美精致，其他文人在她画上的题跋和诗词，使她的作品具有明显的文人画味道。马守贞喜欢在马背上展示射箭技巧，她的诗、书及文学创作也极好。名妓林奴儿，又名秋香，她画、诗、书三绝，加上姿色甚好、体态丰腴，很得当时士大夫阶层的青睐。大画家沈周题识过林奴儿的书画作品，词名为《临江仙·题林奴儿画》，云："舞韵歌声都撇起，丹青留个芳名，崔徽杨妹自前生，笔愁烟树杳，屏恨远山横。描得出风流意思，爱他粉红兼清；未曾相见尽关情，只忧相见日，花老怨莺莺。"

这些妓女画家，由于她们经常接触文人狎客、达官贵人，有机会在较高层次的文化圈观赏和品评佳作，又能根据客人的需求去学习和追踪各流派名人的画艺，并在他们面前挥毫作画，以求名家指点、传授，因此，她们的绘画技巧能够不断得到提高。而仇珠这样的闺秀女画家画艺往往单承家学，很少受他人的影响，所绘制的作品也大都在家庭内流传，缺少来自外界的鉴赏和批评。这就限制了她们绘画技巧的进一步提高和完善。限制仇珠画艺提高的另一层因素是生活的经验。仇英本人由于出身寒细，遍尝人间冷暖，他对于世态人情的捕捉是很敏锐的。

但仇珠出生后，仇家的生活已经大为好转，仇英长期托身于富家，其生活的富裕程度甚至远胜文徵明等著名文人。在这种情况下，仇珠的生活环境跟一般富家小姐也并无太大区别。仇英无论如何细心教导，也不可能把自己对生活的感悟原原本本地传授给女儿。所以仇珠的画艺也就很难得到春风野草般的生长。

正是由于这些客观条件的限制，仇珠的画风基本上沿袭其父亲的路子缓缓向前。虽然仇珠曾跟随父亲到客居的收藏家家中临摹字画，但最多也只能是更好地完善、丰富家学。追随其父亲画风的仇珠，一生均以精工细巧的仕女、大士像人物画为主，画风虽有特色，却缺乏变化。历史上许多评论家评述仇珠的画作时，都会称其继承了父亲的传统，如汤漱玉在《玉台画史》中说："仇氏著色白衣大士像，无论相好庄严，而璎珞上堆粉圆凸，宛然珠颗，《吴郡丹青闺秀志》称其绰有父风，信哉。"像仇珠这样的闺秀女画家不可能像其他男画家一样，广泛地去接触大自然，面对壮美的江南山水抒发自己的心境，饱览名山大川的机会则更少。因此只能着意描绘她可能见到的小桥流水、园林风光等。此外，仇珠自小的学习环境虽比其父仇英有所好转，但仍没有进过学堂读书，或较系统地接受文化教育。因此，像她父亲一样，仇珠几乎不善于诗词与书法作品，甚至图画上的落款也沿袭其父的手法。仇珠只注重于绘画的笔墨效果和物象情态的把握。与文人画家们相比，似缺乏借物言志的内涵的深刻性。相对于仇英的推陈出新而言，仇珠明显缺

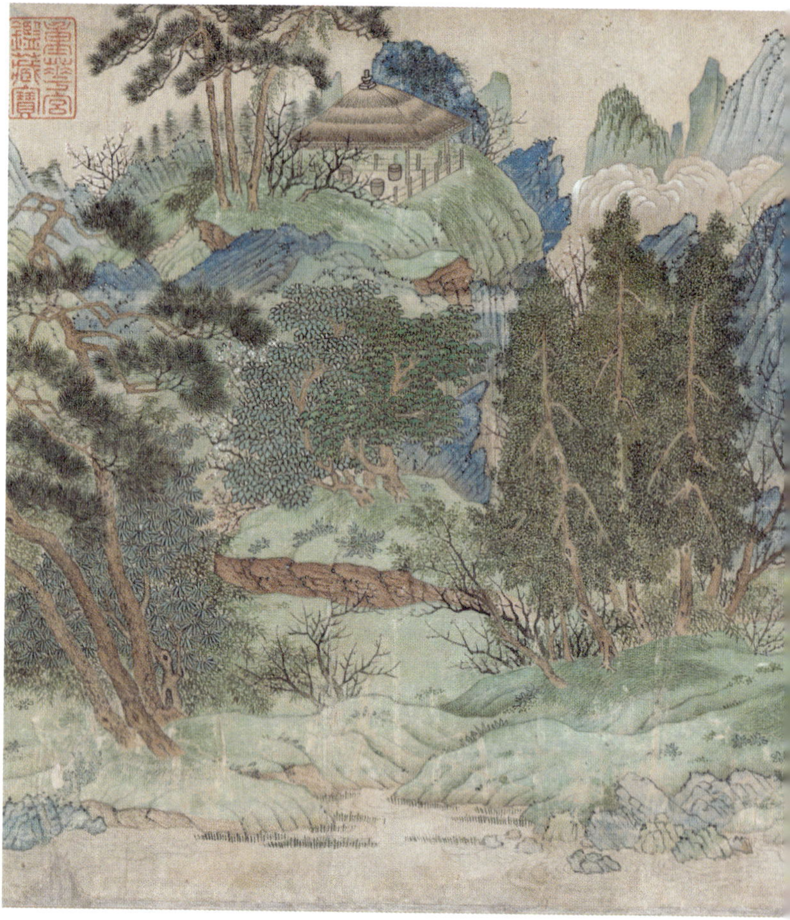

**桃花源图（局部）**

明代，纸本重彩
472厘米×33.0厘米
美国波士顿艺术博物馆藏

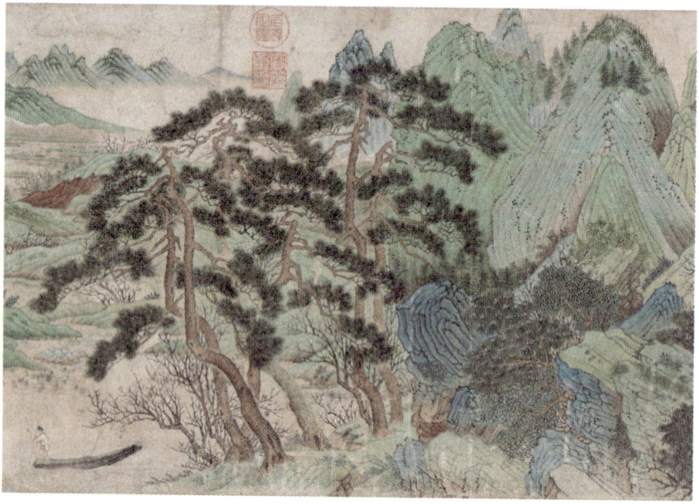

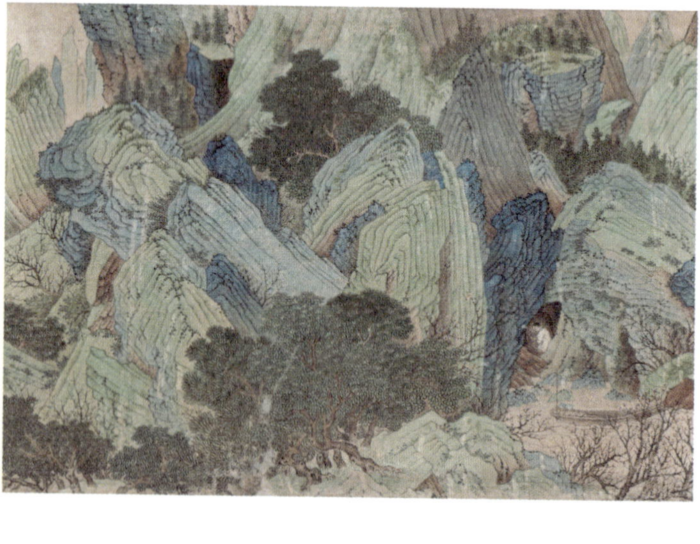

乏青出于蓝胜于蓝的禀赋和机会，她只能作为一名还算出色的女画家，在寂寞的女性画册中占有自己的一席之地。

**桃花源图（局部）**
明代，纸本重彩
472厘米×33.0厘米
美国波士顿艺术博物馆藏

第五章

# 大家风范

吴门仇实父精妙特甚,可谓前无古人矣。

——陈道复

# 一

15世纪下半叶到16世纪，苏州地区工商业繁荣，它历来有的深厚的文化传统，使其自然而然地成为江南文化的中心。明代前期盛行一时的宫廷绘画和浙派绘画此时已走向衰微，以沈周、文徵明为首的吴门画派则崛起于画坛，成为一时之风尚。仇英适逢其时，一方面承南宋院派之后绪，另一方面也接受吴门画派的辐射，最终成为无可争议的画坛大家。仇英的画风代表着文人画家的职业化趋向，在中国古代绘画的发展史上占有十分重要的地位。但可惜的是，由于仇英出身低微，总有很多人戴着有色的眼镜去观察他，批评他，如明末大书画家董其昌即云："行年五十，方知此一派（指仇英）画，殊不可习。譬之禅定，积劫方成菩萨，非如董、臣、米三家，可一超直入如来地也。"这种带有某些等级秩序的批评，却为历代主流画坛所承认。而在一般小市民的眼里，仇英也往往只是被视为比较高明的画师一流，谈不上有多少高雅的情趣。这对于仇英来说，实在是很不公正的。其实仇英所画的画作，虽然不算太多，

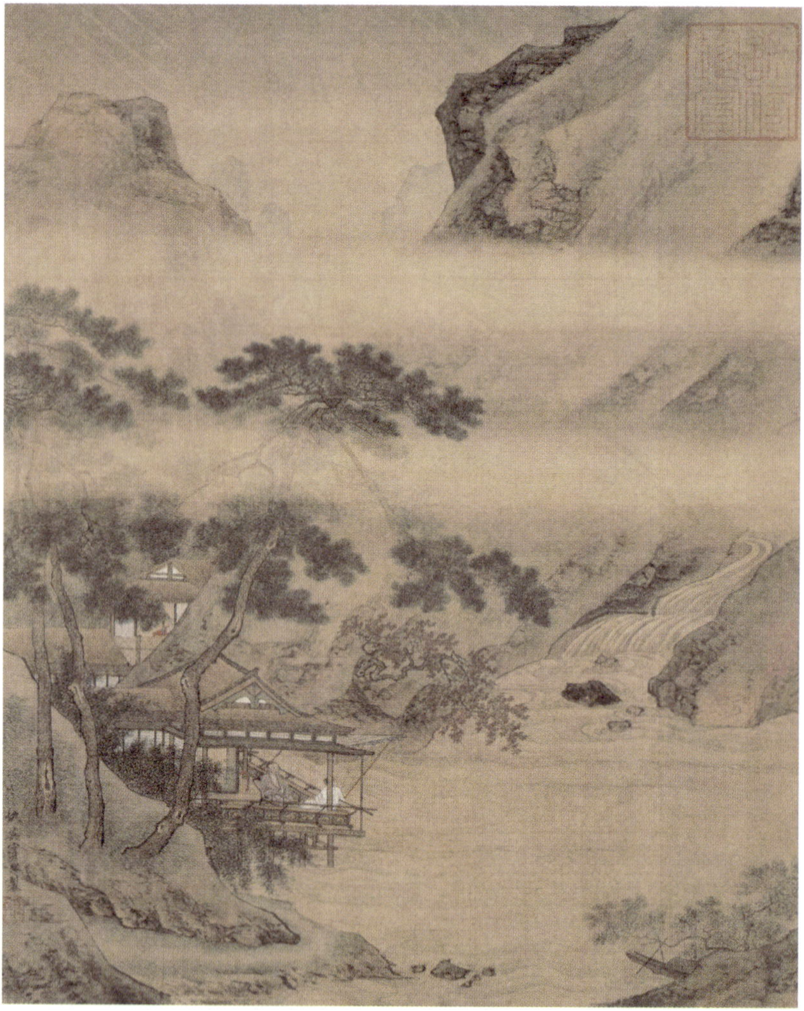

**临溪水阁图页**
明代，绢本设色
33.8厘米×41.1厘米
故宫博物院藏

画中远处云蒸霞蔚，山峰高耸入云，近处山泉流淌，亭台临水而建，亭中有两位高士对观瀑布。整幅画既描绘了壮美的自然景观，又刻画了精巧的建筑，是一幅山水画与界画巧妙融合的作品。

但件件构思巧妙，不落陈套而别有新意。一般画史中所说的缺点，如"仇英有功力，然无老骨，且古人简而愈备，淡而愈浓。英能繁不能简，能浓不能淡"，这种评点显然是不符合事实的。大件绘画从某种程度而言，正是画家功力的体现，以其来论仇英画作，似乎有些牵强。何况仇英也并非真正能繁不能简，如仇英创作的一些扇头画，就是绘画小品，即使在大幅画中，仇英也画过一些"简而愈备"的作品。如仇英的《捣衣图》，就是难得的以简驭繁、以少胜多的传世名作。该图画面内容极其简单，在清澈的小溪边，一位年轻女子正在捶捣衣服，身后挺立着一株高大的梧桐。画面简要，但蕴含的思想和主题容量颇大。阵阵刮来的秋风，潺潺流去的溪水，引起了捣衣女的愁思，她举目远眺，神情呆滞地思念着远在边关的远征亲人，这种意境，被画面局部的大片空白、独立的梧桐做了恰如其分的衬托，显得格外浓烈。仇英还用淡墨渲染，使画面更显得简洁、

**捣衣图**

明代，纸本墨笔
28.2厘米×95.3厘米
南京博物院藏

此图为单体仕女图，描绘了一位美妇人在树下捣衣的情景。画中人手里在捣衣，而脸却转向别处，神色惆怅，似乎在思索着什么。这种神态和心绪的刻画，是仇英仕女图的特色。

清丽，用传统的"游丝描"及"铁丝描"笔法，又将整幅画面表现得浓淡相当，刚柔相济。

自元代以降，随着文人画的大兴，崇尚表现自然风物和个人情操的山水画和花鸟画蔚然而兴，成为绘画之大宗。而重在宣扬教化观念或者以通俗的形式表现宗教、道德、神话、历史事件的人物画，则渐趋衰退，绝大多数画家不擅或不精此道。虽然明初宫廷画家或浙派画家中，也偶有此道之高手，但唐宋时期辉煌一时的人物画已渐行渐远，只留下一抹淡淡的印痕。而仇英适逢其时，在人物画方面做出了重大贡献，留下许多传世佳作。

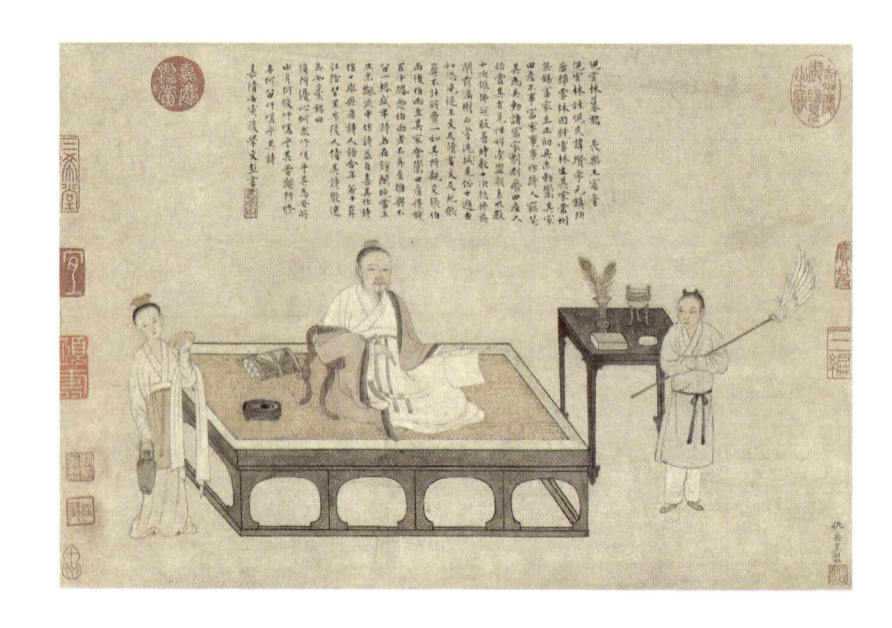

肖像画要求高度的写实性，因此画家一般会以当代人物作为"模特"而画。仇英虽然因为时代的关系无缘结识倪瓒，但他通过临摹前朝画家作的《倪瓒像》，表达了对倪瓒的疏财离隐、慎独兼济人格的推崇与仰慕。

**倪瓒肖像图**

明代，纸本设色
47.9厘米×31.5厘米
上海博物馆藏

## 二

仇英在人物画方面的成就是非常突出的,他不仅能画各种题材的人物画,而且在艺术上力求准确、生动与形象。在明代,仇英算得上是人物画大家,他的人物画几乎影响了明清两代,连对他颇有偏见的董其昌也不由得感叹道:"仇实父欲突过伯驹前矣,虽文太史亦当避席也。必有信余言者。"无独有偶,陈道复也评点道:"吴门仇实父精妙持甚,可谓前无古人矣。"

纵览中国画史,人物画早在奴隶社会时期就出现于青铜器上,春秋战国时代出现了壁画,汉代的人物画有更明显的进步,魏晋南北朝则有进一步的发展和成长,而唐宋两代是我国人物画发展历史上的全盛时期。之后,人物画的发展渐趋衰颓,代之而起的是山水画和花鸟画。

到了明代,人物画仍处于衰落期,主要原因是明统治者倡导程朱理学,以"行先圣之道"作为维护其封建统治的精神支柱,对绘画创作强调其协调上下、加强思想统治的社会功能,这就不能不束缚了许多画家的思想。由于执法严苛,还出现了许多人物画家被迫害致死的惨案，如"宫掖画壁多出其笔"的周位，因同业相忌，以谗死；画家赵原受命图昔贤像，应对失旨而坐法；宣宗朱瞻基算是一个懂画、会画的皇帝了，但在艺术要服从封建政治这一点上，他是毫不含糊的，以致发生了戴进因画红衣钓叟而被谗之事。戴进，这位明朝"画流第一"的艺术巨匠，终于含冤"放归以穷死"。因为这些，在仇英所处的年代，崇尚表现自然物象以抒发画家心志、表征个人情操的山水画和花鸟画蔚然成风。

当然，这也不能说在明朝就没有一点儿人物画的天地了，明朝的人物画还是有的。如明朝前期的几个皇帝常常亲自出题目，让画家作画。画的大多是肖像画，因此当时盛行的肖像画和宫廷历史故事画，都是些"示以子孙，使有所警"的画作。

那么，在这样的景况下，为什么能崛起一批像仇英、唐寅这样的人物画高手？仇英为什么能最终成为一位人物画的大家？只有弄清楚这些问题，我们才能比较深入地探索仇英人物画的基本风格和艺术特色。

明代中叶以后，明廷政治上愈益腐败，宦官把持朝政，有的皇帝多年不视朝，他们对于绘画已不像明初那样强调其维护封建统治的作用，宫廷绘画在题材内容和形式风格上都发生了很大变化，许多画家因为相关禁令的解除而开始变得开放起来。这就为明代人物画的发展提供了很好的外部条件。

明代绘画活动的中心一直在南方，明代历朝的宫廷画家中的代表性人物绝大部分来自江苏、浙江、福建、广东等地。流行于江浙一带的南宋绘画风格尽管在元代受到赵孟頫等人的排斥，但在当地依然有很强的根基。宗法各家各派的画家纷纷活跃起来，一时呈百花争艳的局面。宫廷画大家包括戴进在内，多宗法马远、夏圭，或受其影响。后来的吴伟一方面继承马、夏风格，另一方面主张个人色彩，笔法放任，常常以仕女、妓女、美女为题材创作人物画。吴伟的绘画标志着明代宫廷绘画的一个大变化，即宫廷绘画开始向文人画过渡。这是十分具有积极意义的事情。

通过山水之笔墨寄兴，通过花鸟之托物寄情，这是明代绘画潮流。但这种作品有时候也会让一些画家觉得意犹未尽，开始思索开创更加具有表现性和时代特色的画风。明代中叶以后，入世的人文思潮以及激烈的社会冲突所激发的，是像吴伟、唐寅、祝允明、张灵等一批文人直抒胸臆、嬉笑怒骂皆成文章的风气，这些都使温柔敦厚的儒家诗教在反中和的思潮中开始褪色。世俗的物质财富的不断积累，更是掀起了画家追求人性、表现人性的高潮。画家们越发看清了，人物画毕竟是与社会、与人的感情、与思想有着直接关系的表现对象，这就使得文人画家们在离开此题材数百年后，又情不自禁地把画笔伸向这个一度是文人画禁区的领域。对于一生曲折多蹇的唐寅来说，表现在他作品中的率真感情和浪漫主义色彩，是一般院体画家所望尘莫及的。即以其《风木图》而言，人物虽简略，但萧萧风声的环境描写和人物掩袖啼泣的动态,把"一襟清血泪阑干"的思亲之痛极为生动、真挚地表达出来。又如唐寅的好友,以狂放无度著称的画家张灵,曾画有《招仙图》白描卷,光从仕女本身似看不出什么具体的个性描写,但画面留出的大量空白,天上的皓月,却赋予画面以沉重的感情色彩。人与景都是淡墨细笔勾成,感情表达细腻而含蓄,使人感觉如梦如幻,天无际,水无涯,思接千里,心事茫茫。

上述的时局和条件,仇英不会不懂;上述的典范,仇英也不会不感动。当年仇英在苏州刚刚起步之时,好不容易被独具慧眼的大画家文徵明看重,邀请其合作《二湘图》。当时的他根基尚未稳,尽管全力以赴,依然没有获得成功。这在文徵明的眼里或许是平常之事,因为任何一个优秀画家,也不能保证自己的每幅作品都是第一等的佳作。可是对于仇英来说,心中的波澜肯定是难以平息的。他在埋怨和责怪自己的同时,也会暗暗发誓要把人物画画好。三十年后,仇英自画《二湘图》,其画艺之高超,受到世人高度好评。仇英此举一是表示自己对文徵明的提携永志不忘;另一方面,说明仇英一辈子都在勇攀高峰,经营人物画的技法。

仇英人物画的一大特色在于其强烈的古典主义情调。肖像画是仇英人物画的主要题材。肖像画的特点在于要求在艺术性外,还要有高度的写实性,能够最大限度地逼近个人的表情特征。因为这一缘故,肖像画历来都是以当代人物作为"模特"

仇英的花鸟画延续了他精工重彩的风格，对花鸟的形神特性刻画精细，极为生动。本幅画以沙汀、枯木为背景，增添了"飘飘何所似，天地一沙鸥"的孤寂之感。

**沙汀鸳鸯图（局部）**
明代，纸本设色
27.4厘米×78.9厘米
上海博物馆藏

而居多，即使到了今天，也仍是这样。但仇英的画作却表现了一种对当代人物画的疏离感，而对渐行渐远的古代人物肖像具有浓厚的兴趣，这是很堪玩味的一个现象。如仇英的摹《倪瓒肖像图》，在制作动机上体现了仇英对倪瓒疏财离隐、慎独兼济的人品的推崇及仰慕。同时，也表达了仇英对倪瓒萧散远俗的文艺趣味的认同。

仇英还画了不少仕女美人图。像《弹箜篌美人图》是为他的艺术赞助人昆山周凤来所作。轴上有文彭题的绝句云："落落长松生昼寒，白云深处草堂宽。闲情自是难消遣，为抱箜篌一再弹。"诗中生动真实地描述了该画的特色。画上，还有陈道复和董其昌的题跋，足见两人对仇英艺术的欣赏。

在唐宋时期，仕女画通常是历史人物画的一部分，至元代始流行单体仕女画，它不以故事情节的铺设取胜，而侧重于特定境域中女子的神志和心绪的刻画，以达到抒情托意的效果。仇英不但画了不少充满故事性的仕女画，还画了许多单体仕女画，如《美人春思图》卷、《修竹仕女图》轴、《鸳鸯仕女图》轴、《捣衣图》等，主题大多表现闺阁女子怀春、怨秋、思夫等凄婉惆怅的情绪。在这些图画中，感情色彩十分浓厚，文人气息也极充沛。事实足以证明，历史上有些评论家所谓"专攻工巧，缺少意趣"之说，是无稽之谈。

仇英还画了许多表现文人雅士悠闲生活情趣的人物画，如《松阴琴院图》《桐阴清话图》《停琴听阮图》《松溪论画图》《松溪高士图》等等。在这些作品中，仇英充分运用造型准确的技巧，仔细地刻画出文人雅士的身姿动态和神情气质，生动具体的人物形象跃然纸上，从而入微地烘染了环境氛围。老实讲，这些画比起那些文人画家寥寥数笔的点景式人物，要来得生动、真实、强烈而有趣得多。

当然，还有更多的历史故事与人物，是仇英笔下人物画的主要题材，如前面已经提到过的《临宋人画册》和《人物故事图册》。此外，仇英还和许多友人合作创作了人物画卷，都获得了相当的成功。准确、生动、精工是仇英的艺术特色。

上海博物馆珍藏的《秋原猎骑图》，堪称仇英生平的一大杰作。在这幅画中，人物创造形成了明显、独特的造型风格。他纯以单线构成物形，薄施淡彩而成，保持强烈鲜明的色彩对比，把整个形体先统一于一个主要色调之中，然后加上有冷暖明暗对比感的色彩，又以色调相同而色度不同的衬托加以分别。这些巧妙手法表现了造型艺术上的创造力和丰富成就。图中各个人物的构成神态非常生动，他对每个人物的眼睛施以几条单纯生动的黑线，就非常符合我们对于每个现实人物面庞的想象，更使眼睛在头部占了一个引人注意的位置，并表现了动人的神色。在传统的形式即所谓"单线平涂"的限制下，仇英的人物造型手法发挥了最大限度的表现性和现实性。此外，上海博物馆收藏的仇英人物画《右军书扇图》，也是人物轮廓准确、气度清朗、笔力刚健挺拔的作品，绝非戴进、吴伟等人所能望其

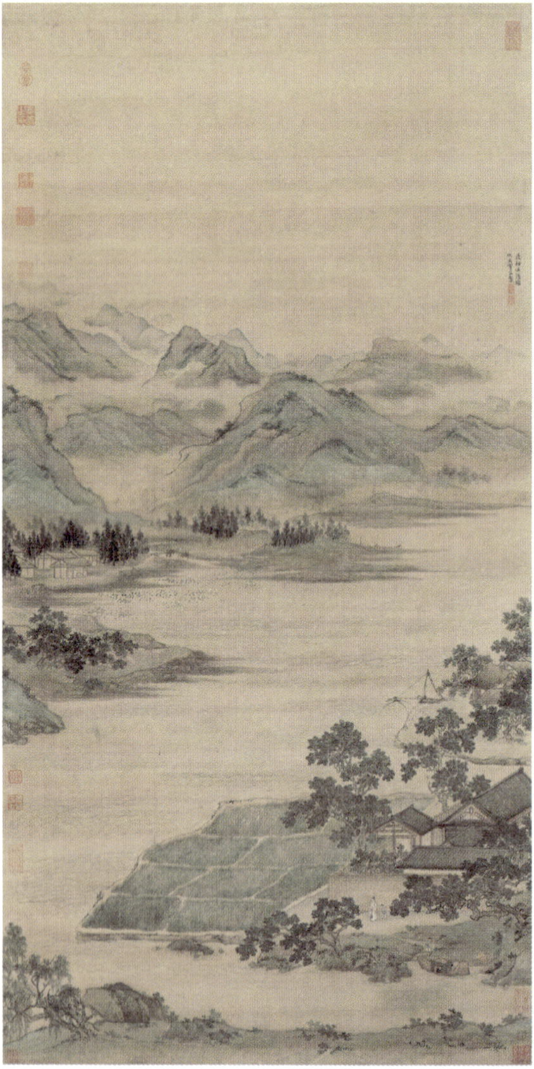

**莲溪渔隐图**
明代，绢本设色
66.3厘米×126.5厘米
故宫博物院藏

此图是仇英青绿山水画的代表作之一。画中农家院舍坐落于树林之中，一位高士在侍童的陪同下，站在岸边沉吟思索。莲溪对岸，湖水漫漫，远山连连。整幅画作景致错落有致，描绘了江南恬静安逸的渔家风光。

项背。他清丽的人物画，诚如清代名士杨翰在《归石轩画谈》中所评述的："笔笔皆如铁丝，有起有止，有韵有情，亦多疏散之气，如唐人小楷，令人探索无尽。"仇英长期活动于苏州，一方面接受南宋画的传统，并从元代各大家中撷精采英，另一方面却又顺应艺术风气，适当地吸取吴派文人画的表现方法，走出了一条独特之道，在文人画家云集的苏州取得了令人瞩目的地位。

就人物画而言，仇英在艺术上形成了造型准确、形象生动、制作精工的艺术特色，大多采用工笔重彩的手法。如仇英所创作的仕女人物画，在表现手法上既非唐代贵妇式的丰腴高贵，又异于宋人笔下的娟秀妩媚，而是呈现女子的细眉小口、瓜子脸庞、削肩纤身，表现出一种多愁善感的柔弱女子的形态。这些形象多少反映了明代女性所受的束缚愈来愈深、精神上受到较大压抑的心理状态，其中也隐含着画家对柔弱女子的深刻同情。仇英创造的这类女子的艺术形象，成为时代仕女美的典范。这种典型式样一直延续到了清代。

仇英人物画在表现方法上是多姿多彩的，工笔、意笔、青绿、浅绛、水墨、白描等无所不备，但用得最多的还是工笔重彩。这是他最擅长的方法，技巧上可追溯到唐宋。就近则可以看出他受到了唐寅的影响，尤其是描绘仕女的脸部，多用"三白法"的开相技巧，表现仕女脂玉般细润娇嫩的面容，再辅以配置精致鲜艳的衣饰，呈示出雕金镂玉式的绮丽之美。

仇英不仅擅长单体人物的描绘，也极善画群体人物，几十甚至上百人物在一幅画上出现，依然能描绘得栩栩如生。如《职贡图》卷是仇英应苏州富家陈官所邀而绘制。该图描绘了唐代十一支外国使者的队伍，每支都有数十人，并打有一旗，人们抬着贡品，敲锣打鼓，队伍浩浩荡荡。细观其画面，景观人物众多，却能做到形态各异，每个人完整而又精致，画法极其工细，色彩漂亮鲜艳，是仇英人物画中自我意识和创见力度高度集中的代表性作品。画上有文徵明题跋云："近见武克温所作《诸夷职贡》，乃是白画，而此卷为仇实父所作。盖本于克温而设色者也。观其奇形异状，深得胡瓌、李赞华之妙。"足见文徵明真诚地欣赏和佩服仇英的绘画艺术。画上还有彭年题识："《职贡图》，十洲仇君实父画。实父名英，吴人也，少师东村周君臣，尽得其法，尤善临摹。东村既殁，独步江南者二十年，而今不可复得矣。此卷画于怀云陈君家，陈君名官，长洲人，与十洲善，馆之山亭，屡易寒暑，不相促迫，由是获画。其匠心之巧，精妙丽密，备极意态，虽人殊国异，而考按图志，略无违谬，能事直出古人上。衡翁太史公论之详矣，然非好古诚笃如陈君，抑岂易得哉？予闻画家立意，或援古以讽今，或藉近以规远，凡致力精工者，不虚作也。使十洲操笔金马之门，亲见百蛮率服，宾贡阙廷，则其所图，又岂但是邪？……"

某些评论家常常站在传统画史的立场上挑剔和贬抑仇英，认为仇英"以不能文，在三公间少逊一筹"，指责仇英的画特别是人物画偏于精致妍艳，对情节性的描绘过分重视，因此缺少清新隽永的意涵等。这些说法诚然有据，但我们如果换一种眼光来看问题，则对仇英的评价会有很大不同。任何一种画都有其特定的风格和意味，用写意的手法去画工笔重彩，肯定不会成功，反容易落入非驴非马的"四不像"境地。任何一种画也不会只有其特有风格，而不包含其他。画是人的思想、情感、知识、艺术诸方面的综合表达，只是其深刻性有深刻与浅显之分。仇英的画特别是他晚期的人物画，在艺术性与思想性的结合上，已取得了相当辉煌的成就。他虽然讲究浓妆艳彩，但并不一味以此夸富，而是在艳丽间含有清雅的调子，这却又染上了某些文人画派的特质。

仇英的《修竹仕女图》是他晚年创作的一幅极富有情调的杰作。仇英的仕女图常常作为历史故事图，以群体仕女在画面上出现，往往带有故事情节，像《汉宫春晓图》《贵妃晓妆图》

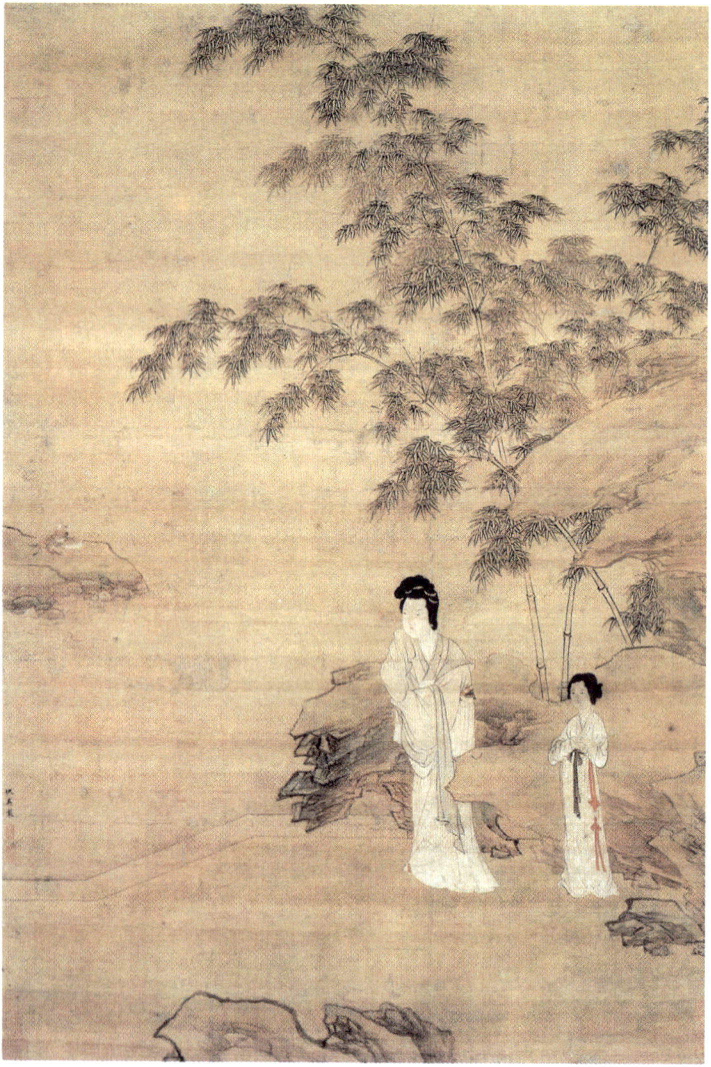

## 修竹仕女图

明代，绢本设色
62.2厘米×88.3厘米
上海博物馆藏

仇英是明代富有创造性的仕女画高手，此图是他晚年创作的极有情调的仕女图。画面上一位高髻娉婷的淑女，托腮伫立在湖石旁，一侍女随后而立。女子凝目望向前方，若有所思，似可窥见深闺女子思念远游的丈夫或是怨叹终身未托的惆怅心绪。

等就属于此一类仕女图。而像《修竹仕女图》这样的单体仕女图，仇英在晚年也创作了不少。他的单体仕女图，往往并不带有故事情节，常常倾注画家的情感，使画面人物极富感情色彩。在构图和笔法上，也常常体现出笔简意繁的特点。因而，仇英的单体仕女图，特别是《修竹仕女图》极具文人画的种种特色。

因此，剖析仇英的《修竹仕女图》，对于我们进一步把握仇英人物画丰富的内涵、巧妙的立意和构图，以及他晚期绘画的走向都是极有帮助的。

仇英一生特别是在晚年，在人物画方面相对集中地创作了不少仕女画，《修竹仕女图》就是那时期创作的代表性作品。唐宋时期，我国的仕女画处于全盛时期。那时，仕女画通常是历史人物画的一个组成部分，时常表现丰富的故事情节或历史事件，到了元代，始流行单体仕女画。单体仕女画并不以故事情节的铺叙取胜，而着重在特定的环境中对于女子的神态和心绪的刻画，以达到抒情托意的目的。到了仇英所处的明代中叶，人物画渐趋衰落，而文人画大兴，花鸟画和山水画更是盛行一时。但也不能说此时人物画就完全陷入无人喝彩的绝境，事实上仍有些画家执着地追逐人物画，并在前人的基础上有所发展，取得了相当令人瞩目的成就。如与仇英同时代的唐寅，就是画人物仕女画的高手。唐寅画了许多相当出色的仕女画，这必然对仇英产生相当大的影响。仇英除了临摹古画，肯定会学习唐寅创作的许多单体仕女画。如仇英创作的《美人春思图》《鸳鸯仕女图》《弹箜篌美人图》《白描观音像》《捣衣图》等，都能在一定程度上寻找到唐寅单体仕女画的痕迹。仇英的这些仕女画主题大多表现闺阁女子怀春、怨秋、思夫等凄婉惆怅的情绪。《修竹仕女图》也不例外。

在《修竹仕女图》这幅画中，仇英描绘了一位高髻娉婷的淑女，托腮伫立在湖石旁，身后有一位侍女紧随于后。从这位淑女典雅华丽的服饰、文静的举止神态来看，她是一位大家闺秀，只见她凝目望向前方，若有所思。淑女所注目的湖对岸的沙滩上，有一对色彩艳丽的鸳鸯相依相偎。鸳鸯偶居不离，故常被比喻为亲昵和睦之夫妇。早在《诗经·小雅·鸳鸯》中，就有"鸳鸯于飞，毕之罗之"的句子。仇英点缀一对鸳鸯，更加反衬出画上淑女的孤寂清冷，再联系淑女那凄婉、愁烦的神情来看，似乎可以推度出深闺淑女在思念远离家乡在外做官或经商的丈夫，或是在怨叹自己终身未托的惆怅心情。从画面环境上看，淑女处于庭园一隅，岸上耸立着几方冷峻的湖石，湖石后有几枝修竹随风摇曳，这些景色的布置与安排便透出了一股清幽寂寥的气氛，与人物的心境十分吻合。在古代仕女画中，竹子和仕女常常是固定的图像组合，又如梅花与仕女、芭蕉与仕女等，各有不同的寓意。竹子与仕女的组合，象征着女主人高洁的品性和情操，其身份必定是高人雅士之妻或女。图中的女性形象取宋人的造型程式，丰颐瘦体，神情安然，作支颐状。线条方折与圆劲并用，和谐统一。高竹作双勾白描后，略染汁绿，生机盎然。坡石亦以花青或淡赭微染。仇英用添加了暖色的白粉敷染出人物的脸面和服饰，使其色彩亮丽，在黄灰的底色上显得十分突出。

《修竹仕女图》的形式语言呈现出婉约清雅的格调，透出了较明显的文人画风格，特别在"以形写神"方面更是棋高一着。那位淑女哀怨惆怅的神情，让人一看就难以忘记，十分传神，以至成为当时社会妇女形象的一种典型。"以形写神"自4世纪的顾恺之倡导以来，经过长期的艺术实践，大致可以包含这样三层意思：一是传神必须先写形；二是内在的精神美高于外在的形体美；三是在绘画艺术的创造中，写形是手段，传神是目的。这三层意思在美术界是公认的。

现在，我们以《修竹仕女图》为例，来看看仇英是以哪些"形"来传"神"的。既然"神"是通过"形"来表现的，以"形"作为绘制人物的点就是合情合理的。首先，仇英通过淑女的外形，包括动作、容仪、骨法、服章等方面来造"形"。从淑女沉稳的形态、庄重的容仪来看，仇英将她塑造得仪表修饰都比较讲究，衣着得体而自然，头发梳成高髻，是当时上流社会女子特有的特征。再从骨法看，仇英将淑女描绘得十分匀称，不高也不矮，不肥也不瘦，可谓窈窕淑女之身架。而淑女的服饰，仇英一改早中期常用的劲利笔法，改成流畅柔和的衣纹线条。不仅体现了华冠丽服的淑女的高贵身份，也显示了仇英此时已熟练掌握简约的文人画笔法。因此，仇英笔下的淑女，是一位出身高贵、姿色美丽、具有较高修养和内涵的女子，这就是仇英笔下淑女外形的大势。其次，仇英从淑女的眼睛变化来写"形"：眼睛虽是人物外形之物，却也是传神之物。点睛之笔，只要有一毫小失，人物的神气就会走形变调。仇英将淑女的眼神设为凝目，全神贯注地望向前方，而前方正有一对鸳鸯相依相偎地亲热着。这一场景使淑女呆呆地凝视着，一动不动地思索着，眼里滚动着心酸的泪，不由地感叹起来。唉，人有时竟不如鸳鸯，它们能那么畅快、那么尽情地爱恋，生生死死，永不分离。最后，仇英在人物之间的相互关系、人物与环境的关系上来描绘"形"，使整幅画的方方面面都能"以形传神"，而无多余之物。淑女身后的侍女，离淑女有一段距离，静悄悄地站着，脸上也充满了惆怅之意。因为她知道女主人的心事与心情，却帮不了主人的忙，只得由着主人发出哀叹，并且寻找机会讲几句安慰的话。在人与环境上，仇英在湖石后设置了几枝随风摇曳的修竹。这竹子却是感情的果实，萧萧竹声发出的是亲人熟识的声音，真可谓"一枝一叶总关情"，一笔一画都蕴含着淑女真挚的思念之情。

仔细剖析《修竹仕女图》，仇英还在这幅画的立意上下了不少功夫。立意，使"以形传神"更趋于明晰与完善。形似、骨气，都本于立意，意存笔先，画尽意在，所以立意是形神兼备的根本。那么，什么是立意呢？立意是指画家在观察、感受、理解客观对象之后所产生的创作意图和艺术构思的结果，它与传达对象之神是统一的。仇英是十分懂得这立意的道理的，所以可以断定他在创作《修竹仕女图》之前先谋划了这幅画的立意。像画中这样的淑女，仇英不仅在现实生活中见过不少，而且在当时的通俗小说、山水文学中见过，在唐寅的画中和古画中也见过。这些淑女，无论出身高低贵贱，都是值得同情的，因为她们忍受着太多的寂寞和孤独，她们常常得不到社会的同情和家庭的关爱，甚至会面临无缘无故地遭到抛弃的悲惨命运。由于时代的局限，仇英虽然不可能认识到这是封建社会制度下妇女遭受的压迫，是由男女不平等所造成的社会现象；但是，他对这些女子寄予深深的同情，也想通过图画呼吁方方面面的人士给予这些女子以更多的关爱。

从另一方面讲，创作像《修竹仕女图》这样的单体仕女画，也是仇英靠拢文人画，期望自己也能成为一个文人画家的表现。长期以来，仇英由于内涵并不丰厚，没有受过科班式的训练和

此图根据唐代大诗人白居易的《琵琶行》的诗意而作，画面青绿重彩，秀丽典雅，表现诗人浔阳江边探访琵琶女的场景。图中长松高岭，竹桃掩映，山径曲折；山外江天开阔，江帆斥流。青绿朱墨诸色深透纸背。

**浔阳送别图（局部）**

明代，纸本设色
399.73厘米×33.66厘米
美国纳尔逊-艾金斯艺术博物馆藏

培养，一时间不能涉猎"诗、书、画"三绝的文人画。他走上繁复的、以青绿重彩为主要手法的人物山水画的道路，一是自己有这方面的才能和特长，二来这也是回避文人画的选择，使自己能走上独具一格的绘画道路。在长期的绘画实践中，他感到了文人画的许多优长，肯定也自觉不自觉地学习、仿制过。特别是他在与文氏父子的长期交往中，以及寄居富商、收藏家之家中后，补充了不少知识，临摹了许多古画，因此在内涵上也有了很大提高。所以他的中晚期也出现了许多优秀的文人画作品。到了晚年，仇英创作的许多单体仕女画，在立意、神采、造型、色彩等诸多方面都超过了唐寅，与后来陈洪绶的作品更有异曲同工之妙。

立意后，这幅画的主题就出来了，《修竹仕女图》就成功了一半，剩下的问题就是仇英如何画出来了。

中国人物画要求形神兼备，以形写神，将这个再具体化，就是要求对人物性格、个性的特点、特征有深刻的描摹，达到惟妙惟肖。外形逼真是为了深入提示对象的内在精神，而不是只体现在外形的象征上。那么，绘制人物画的人物来源于何处？根据我国历代画家的总结，不外乎两种来源：一种是画家目睹过的；另一种是画家根据记载和传说，经过揣摩想象创制出来的。

仇英长期当漆匠画工。在封建社会，像仇英这样从太仓县城来到苏州安家的漆匠画工，为了生活糊口，为了发展自己的

◇ **陈洪绶**

1598—1652

字章侯，号老莲、云门僧、迟云、老迟、悔迟、悔已迟、悔僧、迟和尚

明代画家

浙江绍兴诸暨人。擅画人物、山水、花鸟等题材，画风自成一格。

绘画艺术，可以想见，他不仅被邀为"模特"描绘肖像画，甚至还可能替死者画遗容。仇英在坎坷的人生道路上，通过艰辛的实践，不断总结自己的经验，掌握了绘制人物画的技巧。仇英所处的明代苏州，对画人物就流传着不少完整的口诀，如"行七坐五盘三半，一肩挑三头，怀揣两个脸。一个鸡蛋分两半，当中一条线，娃娃若要笑，嘴角往上翘。妹妹若要恶，鼻子挨眼窝；妹妹若要愁，眉梢向下溜……"这些口诀，像中药处方的"汤头歌"一样，来自实践，又指导着实践。仇英正是在不断地模仿和学习中一步步地成长起来。

当时画人物肖像，特别是为女性绘画，受封建礼教束缚，是不准对女性多观细看的，仇英当然得在技艺上另辟蹊径，那就是中国古代的造型方法：默绘。于是，仇英逐渐学会了以视觉记忆（默写）为主、当面写生为辅的技巧和手段。这样，就大大突破了必须信赖"模特"——当面写生的局限。经过长期的实

践与总结，由"遇想妙得""中得心源"演化，中国人物绘画逐步形成了自己的美学思想核心，那就是化实为虚，以虚带实，虚实相生，达意畅神。这一绘画上的美学思想，成于宋代，而在明清时期得到迅速的发展。仇英肯定会认真吸取这一思想，并在实践中加以发展。

综上所述，仇英在创制《修竹仕女图》时，对于淑女的来源，应该是根据自己亲眼所见过的人物或根据记载，再经过自己认真地揣摩想象，两者的结合而"默绘"出来的。

人物来源确立后，就是绘制了。绘制的关键是用笔与线条，仇英在绘制《修竹仕女图》时，注意了巧、工、意三者的关系与融合。人物画重视线条，或流动，或凝重，或柔或刚，或快或慢，力求抑扬顿挫如有舞蹈韵味，富有音乐韵律。如对于淑女衣褶纹的描摹，就有许多研究，要顾及所画对象是什么地位的人物，穿的是什么样的服装等。仇英所绘的淑女是大户人家的闺秀，穿的又是绫罗绸缎。所以，仇英用笔婉约清雅，衣纹的线条流畅而柔和，不同于以往常用的衣纹的劲利笔法。这也是仇英较自然地融入文人画的特点所致。人物十分高雅，体现出古典之美。服饰的颜色也未用雕金镂，而用淡和的玉色，以便与淑女愁思的处境、氛围相适应。一般来说，仇英对仕女常用"三白法"开相技巧，以表现仕女脂玉般细润娇嫩的面容。而在《修竹仕女图》中，仇英一改以往的用笔，而采用淡妆、简妆，表现出淑女的思念之深。为了使整幅画都与自己的设计格调相吻合，仇英对画面上的湖石与沙渚都以淡墨进行勾皴，虽然转笔处仍保留着李唐、刘松年画派的峭利，然皴笔变得疏朗而柔婉。湖石后的几枝修竹也别具一格，修竹的双勾在工谨中含有爽劲的骨力，以衬托出淑女刻骨的相思。《修竹仕女图》全图以赭石和淡石青敷彩，白色为主色调，色调十分淡洁，以与凄婉的情境取得和谐，从而使形式具有了情感的意味。全图充满了清雅的笔墨风格，是仇英院体画融合文人画，具有双重意趣的典型之作。

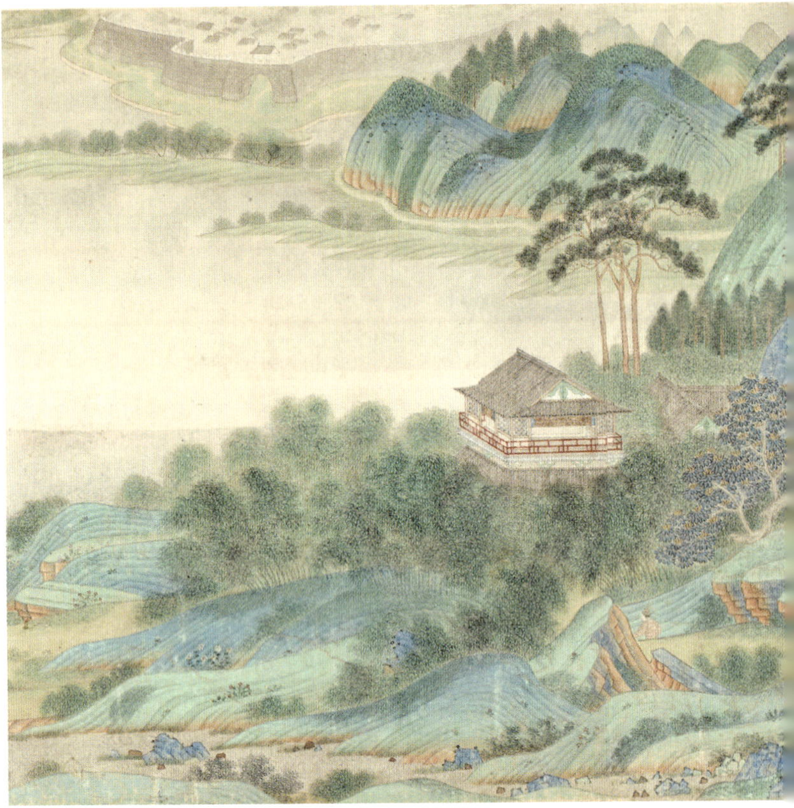

**浔阳送别图（局部）**

明代，纸本设色
399.73厘米×33.66厘米
美国纳尔逊－艾金斯艺术博物馆藏

# 三

在仇英创作的作品中，水墨画作品占有的量较少。而流传至今的《柳下眠琴图》，则是他水墨画的代表作。从《柳下眠琴图》可以看到，仇英不仅青绿山水画出色，也善绘水墨、白描，能运用各种笔法来表现不同的对象。仇英水墨图画画得少，并不等于不擅长。仇英对于画风的选择大略如此，如他很少画花卉，但偶有作为，却不失为佳作。《双勾兰花图》中，他用游丝描和双勾法画出兰叶和叶脉，用柔细之笔勾出花蕾和花瓣，再用汁绿轻染，面深背浅，白粉点花蕊，格调清新。兰叶伸展自如，疏密有致，姿态变化自然，叶背、叶面俯仰得体，颇为生动。前后的穿插之叶造成了带有透视效果的空间感，表现出画家具有较强的观察能力和写实技巧。从画面构成来看，本幅极可能是对景写生之作。不知作者是疏漏还是过于拘泥于实景，画中两次出现画兰叶所忌之叶，即将三叶交叉重叠于一点，但瑕不掩瑜，细笔勾廓仍不失兰之神韵。从设色原则看，此图中的山石用石青和石绿，两色自然过渡、转化，山脚用淡赭渲染出，林木繁茂，枝叶浓密，树叶、松针用色浓重，极富生气。仇英之所以对青绿山水有着如此独到的表现力，除了其独特的天资外，还跟他漆工的经历有关。明代家具中有许多漆绘以青、绿二色为主要色素，而青绿山水则往往需要过细的笔触才能绘成，仇英早年的漆工生活，磨炼出其一丝不苟的艺术个性，而色彩的调配正是漆工之所长。所以仇英将精力转移到绘画中时，便容易从青绿山水入手，寻找到一条通往成功的康庄大道。

仇英不选择水墨画，也出于自身条件的考虑。仇英最初与文徵明父子交往，就从水墨画大家文徵明那儿学到了许多文人画的笔墨情趣，而水墨画正是文人画的主要表现画种，仇英肯定会潜心而学。后来他拜周臣为师，周臣也是水墨画大家，仇英自然也不会一点不受影响。可以推想，仇英早期应该画过不少水墨画，可惜流传下来的东西太少，如《白描观音像》《柳下眠琴图》等。清代方薰对仇英的水墨画非常赞赏，认为仇英这种画直逼沈周、唐寅等文人画家之作，云："曾见仇实父画孤山高士、王献移竹及卧雪、煎茶诸图，类皆萧疏简远，以意涉笔，置之唐、沈画中，几莫能辨，何尝专事雕缋。世惟少所见耳。"

从画史上看，我国水墨画始于唐，成于宋，盛于元明清。明代中期的水墨十分盛行，大多数文人画家都崇尚作此画。水墨画润含骨气，浓蓄气韵，清旷苍润，有浑化无际的艺术效果，常常令人神往。水墨画的诞生，打破了青绿山水只擅长装饰风

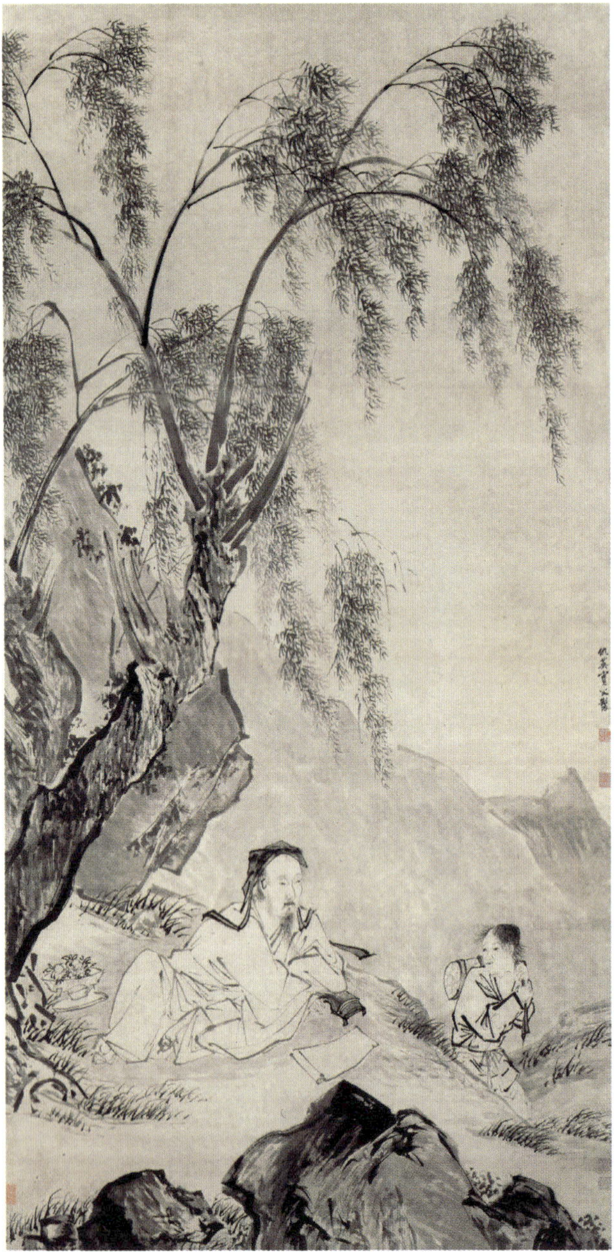

**柳下眠琴图**
明代，纸本墨笔
89.2厘米×176.2厘米
上海博物馆藏

此图是仇英晚年的变格之作，采用粗简豪放的笔法来绘制。柳树下坐着一位倚琴休憩的文士，坡下有一位童子负笈而来。本图以采边角取景的方法来绘制，山坡和松树构成了稳定的三角结构。

格的局限性，把线扩展到面，以墨代彩，突出了墨色的作用，使表现空间等方法有了进展，行笔也有了新的变化。

面对水墨画的魅力与诱惑，仇英怦然心动。他奋起直追，努力拼搏。然而现实却是严峻的，他很快感觉到自己不适合将水墨画作为主攻方向。或者说，仇英初创阶段明显地感觉到水墨画这一画种并不能使自己发挥最大的优势。原因在于水墨画是写意画，笔简而意赅，讲究借助笔墨表现的多变及不同形式的处理，达到表现画家精神领域中的观念和意识的目的。这就需要在艺术表现的过程中包含着足够的知识及丰富的内涵，这正是当时仇英最缺乏的。仇英的老师周臣就相当好学，他经常教导仇英要多读点书。他还以自身为例，说自己就是因为少读书，所以画出的东西比起弟子唐寅的佳作而言，总觉得缺少一些意趣。每想到这一点，仇英就不敢对水墨画轻易尝试。他的出身使他养成了精明谨慎的品格，他对于自己未来要走的路是经过深思熟虑的,不像唐寅、祝枝山等总在动摇。仇英最终不得不放弃了将水墨画作为自己的主攻目标,而是另辟蹊径,开创出一条真正属于自己的道路。

到了晚年,仇英无论在知识还是在技法上,都已炉火纯青。于是他重拾少年勇气,再度出击水墨画时,便产生了不同一般的效果。当然,他的水墨写意画依然不是那种"诗、书、画"三绝的形式,而是发扬了传统山水画在勾画中发掘诗意加以美化的本领,使线、面、点、勾、皴、烘、染更有机地结合起来。我们经常可以在仇英的水墨画中看到,他能积点成面,形成大的墨块黑白效果,他注意运用大小墨团来加强画面整体气势和视觉效果。泼墨、破墨、积墨等各种墨法的灵活运用,大胆突破传统中习用的"近深远淡"的体现空间的用墨方法,并适当借鉴明、暗、光色变化手段来强化对象的表现力量,都是仇英根据不同的意图丰富了的用墨方法。可以看出,仇英的水墨画其实是熔文人画和院派体系于一炉的特立独行的水墨画。

《柳下眠琴图》是仇英精简豪放的代表作。画中描绘山坡古柳树下,有一位头戴林宗巾的文士倚琴休憩,跟前置白纸一卷,似乎为随时赋诗填词而备。坡下另有一童子负笈而来。这是一幅以人物为主、山水为辅的情节性人物画,表现了文士游怡山林、耽情琴书的高雅志趣,在主题中渗入了文人画的意趣。

仇英在中晚期画了许多类似《柳下眠琴图》般描写文人雅士、林泉文士诗酒生活和清新旷远之自然景色的作品。如《蕉阴结夏图》轴、《桐阴清话图》轴、《停琴听阮图》轴、《松溪高士图》轴等。在这些作品中，仇英运用造型准确的技巧，生动刻画出主人公的身段动态和神情气质，并具体入微地烘染出环境气氛。这些画中呈现出的生动意趣，反映出仇英对文人清雅情调的追求，也表现了仇英在刻画文人逸士的潇洒情志和渲染幽雅环境氛围方面，都达到了情景交融的高度和水平。

与上述所列图画不同的是，《柳下眠琴图》是一幅水墨写意图。仇英通过用笔用墨，以笔力带动墨色运动，力求以"润含春雨，燥裂秋风"的大对比关系，来求得整幅画面的生动和谐。

仇英笔下的高士在山林之间显得十分安详，并无时不流露出其隽秀飘逸的情怀，书卷气溢于笔墨之外，高士凝目静坐，似在用心灵与"天籁"之声应对，他沉思着，脑海中似有许多诗情画意，形形色色的人生经历奔涌而来。于是，他激动起来，一会儿欢喜，一会儿伤感，那专注而富有色彩的神情，逗着正在上坡汲水的童子，暗暗好笑起来。看到主人那么认真地做学问，童子真不忍惊动他。一旁的大柳树在清风的吹拂下婆娑起舞、点头哈腰，似在赞许着高士的所感所悟，连近处的山石们也屏住了呼吸，准备倾听这位高士的高见。

这种平朴、清新、有趣的画面，通过笔墨的浓浓淡淡、干干湿湿，淋漓尽致地表现了出来。从仇英有限的水墨画作品看，他大多不画江河千里，也无险峻的构图，而是画许多观者相识的江南山水、清雅的文人、勤劳的侍从，给观者以拥抱自然的遐想和陶冶性灵的享受，单纯而不单调，平凡而不平淡。《柳下眠琴图》的笔墨极其精妙，远看如工笔画，近看则笔墨分明，其法不乱，也可看出仇英对于浓淡干湿不同墨色整体布局的匠心。

从布局上看，《柳下眠琴图》采用南宋马远、夏圭绘画布局一角半边的方式，将绘画主题置于从右下到左上的下半边上，在另一半也留下了大量的空白。这样处理，可使画面有通达流畅的宽阔感。然而，仇英却是别出心裁，将柳树从左半边斜伸上扬于右半边，而另外再构成一条从右下往左上的对角线，如此一来，两条对角线交叉而形成的三角形，恰恰又将人物笼罩于内，形成一个稳定的三角形构图。这样，就使景色的安排显得十分合理自然。图中垂柳依依，随风摇曳，坡石用墨笔草草而成，劲爽利落。人物衣纹用笔方硬简洁，系"十八描"中的折芦描。老者神情怡然，正在酝酿诗句。仇英的这一路画风与唐寅的笔墨有着一定的风格联系，亦有周臣的遗意，只是在行笔中更为粗放、简劲。和沈周、文徵明的佳作讲究含蓄、内在美不同，仇英的作品中更带有瘦硬的笔法，使画面的质感更加强烈。

在山水的安置上，《柳下眠琴图》采用马远的边角取景法，画山坡的一隅，右柳高耸，呈掎角之势。山石用雄浑刚健的斧劈皴法，远山淡墨刷染，但淡中可见轮廓，朦朦胧胧，又淡可见骨，显得扑朔迷离。而近处的山石浓得分明，皴斫点染的笔法变得松秀，在豪放中又蕴和着文秀的笔意，墨色浑融而不狂肆。远近山水的浓淡笔墨，构成了画面韵律感和转折对比形式美的基础。

仇英是个全才型画家，很少有人能像他这样在山水、人物、临摹、花鸟这几大部类上都取得全面突破。他成功的秘诀有很多，其中最主要的可能是由于他对传统有较深刻的认识和体验，他重视传统但并不迷信和一成不变。像《柳下眠琴图》，仇英在技法上充分吸取了宋人、元人的优长而融为一体，又兼容院体画和文人画的笔墨意蕴，自出己意，成为他晚年的变格之作。难怪清人龚贤在论述仇英的画格时，谓："此老原有两种笔意，带写者其变也，变者尤为罕见。"

# 四

下面再简要谈谈仇英的山水图。仇英在这方面亦不乏名作，如《松溪横笛图》轴。画家似以北宋翰林图画院招收宫廷画家的考题为内容。该考题出自宋大臣寇准诗句："野水无人渡，孤舟尽日横。"图中一舟子横笛闲坐，远处的茅屋和酒旗隐隐可见。取景丰富，画面上留出大片天空。作者以白粉点夹叶，枫叶尽染，一片秋意呼之欲出。这细笔山水画路沿袭唐寅，而其中又掺以南宋笔法，在工整精致的笔墨中不乏雄健之意，竹石杂木和荒草尽显精神。坡石和峰岭的笔墨有南宋李唐、马远、夏圭的风致，苍劲之中，略见淋漓。树法特别是松树尽取南宋刘松年之法，细腻而不失笔力。按照某些评论家所言，这幅画可谓集南宋四大家的山水之法于一身，而又自成规范。特别是画中仿马远的"一角式"（画史称"马一角"）构图，更是体现了仇英对南宋院体山水画的深刻感悟。而另一幅《临溪水阁图》轴则以大青绿山水的表现手法描绘了隐逸文人的理想生活。这一远离现实生活的理想境界，迎合了当时文人避世的消极心理，从而使观者产生强烈的情感共鸣。

仇英表现隐士情调的佳作还有《玉洞仙源图》轴，在这幅图画中，仇英学习南宋四大家之一刘松年的笔意，画面上有临溪水榭，两个文人端坐其中，静心观流。当年的刘松年就喜欢以此种绘画题材，描绘南宋贵族在西湖之滨的闲适生活，其典雅清丽的审美趣味被仇英承传下来。仇英略用小青绿的画法给山石敷色，但线条勾勒变化极多，浓、淡、干、湿，各显其态，而水榭的窗纸和人物衣着则为白色，使点景的屋宇和人物跃出画面，让人觉得生动有致。作者还充分利用了两道烟雾的空白和其中的隐约景物，让读者在烟水茫茫中陷入情绪的牢笼。清代吴升在《大观录》中高度评赏了此图的画艺："近仿欧波（赵孟頫），得其轻清之致；远追摩诘（王维），仍多沉着之笔。而人物师李龙眠（公麟），尤能须眉变换，殆有古必参，无体不化矣。"

以"赤壁赋"为题的绘画，在明代中期颇为流行，文徵明、文嘉、陆治、居节等苏州画家都曾画过。将诗文名篇图画化，本来就是当时文人画家的一种趣味。仇英身居其间，当然不会毫无所感。他曾画《赤壁图》《后赤壁图》二幅。《后赤壁图》作于1544年，仇英以北宋大文学家苏东坡的名作《后赤壁赋》为题材，构筑出苏子与二客泛舟夜游赤壁的情景。画面以斜角取势，左上方悬崖峭壁，飞泉直泻，危岩中忽然斜伸出一株古松，若蛟龙盘空，着墨不多，却鲜明地展现了赤壁的险

河心缓缓一叶扁舟,远处山峦起伏,隐约中颇有空间的深远感。以"赤壁赋"为题材的绘画,在明代中期颇为流行,将文学名篇图画化,是文人画家追求画作诗化的表达。

赤壁图
明代，绢本设色
90.5厘米×26.5厘米
辽宁省博物馆藏

峻形势。而占画面主体的江面则一片空蒙，小舟轻飘，客人夜游，形单影只，与前面的山势形成一种巧妙的平衡。在这看似绝对寂静的场合中，又飞过一只孤鹤，静中取动，给人以不凡的艺术美感。此图在技法上多采李唐，转体有力，出笔挺拔，体现了周臣对仇英的影响。如果说《后赤壁图》以意境胜，《赤壁图》则以结构胜。此图布局合理，山崖斜向伸延，古柏苍苍，河心轻舟一叶，渐远渐淡，景物层次感分明，颇有空间的深远感。从造型和笔墨上看，此图技巧更趋于成熟，墨色酣畅淋漓。树叶则并用菊花点、介字点、圆点、松针点等多种夹叶法，层层掩映，多重显影。密实的山林跟虚飘的江面形成鲜明的反差，呈现出"白露横江，水光接天，纵一苇之所如，凌万顷之茫然"的赋辞氛围。与《后赤壁图》相比，此时的仇英已摆脱了院体那种雄劲的用笔调子，而更趋向于文人的圆融笔法。

由于仇英有精深的艺术造诣和崇高的声望，因此从他在世的时候开始，其画作就成为市场上的弄潮儿。许多收藏家纷纷出高价购之。风气所尚，便有一些贪图小利之徒，借此造伪，以欺骗名画爱好者，从中牟取厚利。清代著名书法家王文治在仇英作《后赤壁图》（真迹）卷后题跋曰："往见仇十洲写东坡《后赤壁图》，青绿璀璨，董文敏谓其仿赵伯驹粉本，有过蓝之妙，且谓吴中赝本甚多。"从传世之作看，伪作仇英的画也不少，如以故宫博物院藏品为例，院藏仇英画共八十四件，其中伪作就有五十五件之多，约占百分之六十五。可见伪作仇英画之多，不下于沈周和文徵明。又据学者考证，假仇英之名伪作的张择端《清明上河图》至少有三四十卷之多，其他伪作则由此可想而知。作伪之画，主要是"苏州片"，赝品多伪仇英青绿山水，或某些人物画、仕女画等。历史有时候真是爱开玩笑，当仇英孤身一人，前往苏州做漆匠的时候，有谁能估计出这位生性淳朴的青年工匠，日后居然能成为一代宗师呢？

# 五

大约在嘉靖三十一年（1552），仇英辞世，享年五十五岁，可谓"盛年凋落"。他的死因，很可能跟过分投入作画有关。他留下的最后杰作，便是前面提到过的《职贡图》。当时仇英正客居苏州富豪陈官家中。仇英与陈官相交，与其说是宾主，更像是朋友。陈官对仇英几乎没有要求，只是任他在家中自由出入、居住、观赏绘画。仇英如果有心情，便绘上几幅画。如果仇英不想画，陈官也绝不勉强。但是仇英天生的责任心促使他全力以赴，向最后的辉煌冲刺。《职贡图》精心刻画了百余人马，必定耗去仇英的许多精力，嘉靖三十一年（1552）九月既望，年已八十三岁的文徵明在仇英的《职贡图》上题跋："……近见武克温《诸夷职贡》，乃是白画；而此卷为仇实父所作，盖本于克温而设色者也。"又说："观其奇形怪状，深得胡瓌、李赞华之妙，克温不足言矣。"其中尚未言及仇英作古的音讯。但到了当年十二月既望，彭年的题词则流露出感伤之意：

>　　实父名英，吴人也。少师东村周君臣，尽得其法，尤善临摹。东村既殁，独步江南者二十年；而今不可复得矣。

此言既出，则仇英的艺术生涯也可以盖棺定论矣。正所谓天有不测风云，人有旦夕祸福，看来仇英到底躲不过人世间的风雨而匆忙离世。仇英一生献身于绘画事业，最后以辉煌的艺术硕果为自己的生命画上圆满的句号。他的晚景比起唐伯虎乃至文徵明来说，可算是名利双收。他的作品让当时的画坛领袖文徵明也感慨道："见仇画方是真画，使吾曹有愧色。"不过吴中后进王穉登在所著《吴郡丹青志》中则对仇英褒贬互见：

>　　仇英，字实父，太仓人，移家郡城。画师周臣，而格力不逮。特工临摹，粉图黄纸，落笔乱真。至于发翠豪金，丝丹缕素，精丽艳逸，无惭古人；稍或改轴翻机，不免画蛇添足。

《吴郡丹青志》中，列仇英画为"能品"，而沈周居"神品"，为最高一级，唐伯虎、文徵明皆属"妙品"。这说明王穉登认为仇英的画仍然只是在技术上高人一筹，而缺乏超凡出尘的胸中意气。更有意思的说法来自董其昌，他一方面对于仇英的工笔画推崇备至，认为即使文徵明也有所不及：

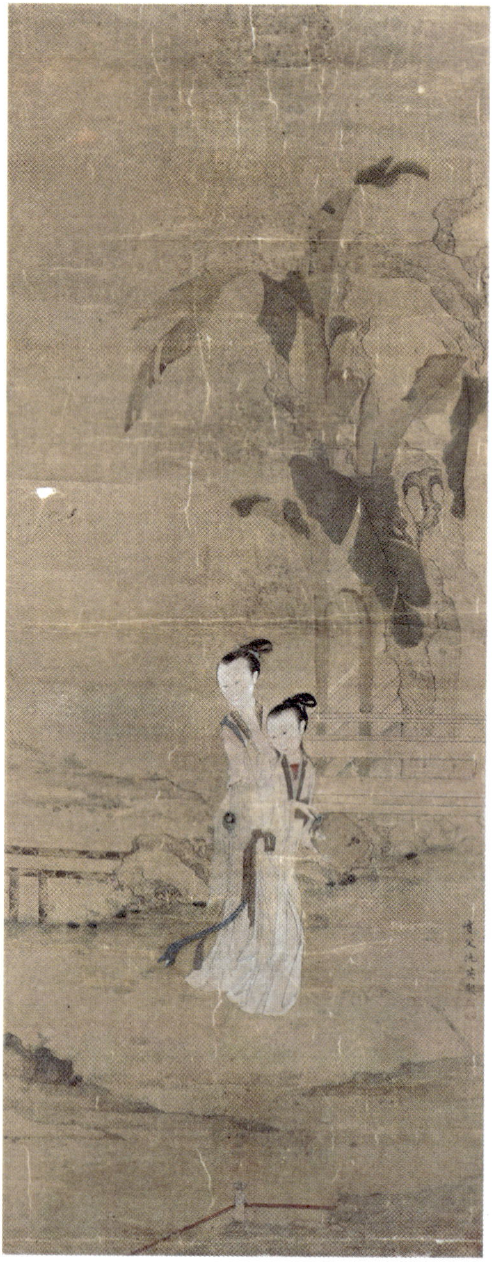

**古代仕女**

明代，绢本设色

38厘米×95厘米

馆藏不详

李昭道一派为赵伯驹、伯骕，精工之极，又有士气。后人仿之者，得其工，不能得其雅，若元之丁野夫、钱舜举是已。盖五百年而有仇实父，在昔文太史亟相推服。太史于此一家画，不能不逊仇氏，故非以赏誉增价也。

另一方面，董其昌也跟其他人一样，认为工笔画多少有些偏重技巧之嫌。所以过分投入此道，容易伤人年寿：

画之道，所谓宇宙在乎手者，眼前无非生机，故其人往往多寿。至如刻画细谨，为造物役者，乃能损寿，盖无生机也。黄子久、沈石田、文徵仲皆大耋，仇英短命，赵吴兴止六十余。仇与赵虽品格不同，皆习者之流，非以画为寄、以画为乐者也。寄乐于画，自黄

画面上，高大的芭蕉树与太湖石相依成景，构建出大户人家后院的场景。画中的两位仕女低眉侧目，其中一位还用手托着下巴，神情惘然，到底是什么事情困扰着她俩呢？在古代传统文学意象中，芭蕉叶是悲哀感伤的象征。

235

**公望始开此门庭耳。**

在中国的画史上，仇英生如浮萍，死如迷雾，来去无踪，只留如椽画笔，竖立人间千古，吞吐四方风云。乃至于数百年后，我们仍无法明了，仇英的青春年少，仇英的爱恨情愁。当我们在他留下的辉煌画作间流连徘徊时，我们依稀可以听见，在历史的深处，传来了一声若有若无的叹息。

**渔笛图**

明代,绢本墨笔
60厘米×113厘米
美国纳尔逊-艾金斯艺术博物馆藏

此图大片高山流水,却只有小小的三个人,各自悠闲地做着自己的事情,仿佛没有尘世间的杂事可以打扰到他们。画中近景树丛用笔尖锐细劲,点叶时也十分注重笔墨的表现,不同于仇英一般的工笔画。

# 仇英年表

1498
|
1552

| | | |
|---|---|---|
| **1498** 戊午<br>一岁 | | 仇英约生于该年。时年沈周七十二岁,祝允明三十九岁,唐寅、文徵明二十九岁。 |
| **1517** 丁丑<br>二十岁 | | 文徵明嘱仇英作《湘夫人图》,两次设色未成。 |
| **1520** 庚辰<br>二十三岁 | | 仇英与文徵明合作《摹李公麟莲社图》。 |
| **1523** 癸未<br>二十六岁 | | 仇英作《送朱子羽令铅山图》。时年文徵明以岁贡入京,授翰林待诏,唐寅卒。 |
| **1526** 丙戌<br>二十九岁 | | 仇英作摹《李公麟十八应真图》,又作《衣锦还乡图》,后有王宠书文。时年祝允明卒。 |
| **1527** 丁亥<br>三十岁 | | 仇英为华云作《维摩说法图》。又作《岳阳楼图》《送子天王图》。时年春,文徵明辞归苏州。 |
| **1529** 己丑<br>三十二岁 | | 仇英作《青绿山水图》。 |
| **1530** 庚寅<br>三十三岁 | | 仇英作《江南春图》卷、《桃花源图》卷,文徵明题于三月。 |

**1531　辛卯**　　仇英作《孝经图》。
三十四岁

**1532　壬辰**　　仇英为王献臣作《园居图》卷,时年陈淳
三十五岁　　作《菊花图》。

**1533　癸巳**　　此前仇英作《梧竹书堂图》轴,上有王宠、
三十六岁　　彭年、文徵明题诗。时年周臣作《桃源问
　　　　　　　津图》轴,王宠卒。

**1534　甲午**　　文徵明作《宫蚕诗》于仇英《宫蚕图》卷。
三十七岁

**1535　乙未**　　仇英作《仙山楼阁图》,有陆师道书赋。时
三十八岁　　年周臣卒。

**1540　庚子**　　文徵明录《天马赋》于仇英《双骏图》上。
四十三岁　　仇英作《沙汀鸳鸯图》轴,自题"庚子夏
　　　　　　　仇英实父制"。上有彭年等的题诗。

**1542　壬寅**　　三月,文徵明题仇英《虢国夫人夜游图》。
四十五岁　　仇英应昆山周凤来之请,作《赵孟頫写经
　　　　　　　换茶图》,并请文徵明书《心经》,合装一
　　　　　　　卷。作《弹箜篌美人图》。摹《倪瓒肖像图》,
　　　　　　　后有文嘉题识。陈淳题于冬至后。

| | | |
|---|---|---|
| **1543　癸卯**<br>四十六岁 | | 仇英作《竹院逢僧图》。作《清明上河图》，自题画四年始竟。除夕，文徵明为王穀祥书周密诗于仇英《钟馗图》。 |
| **1544　甲辰**<br>四十七岁 | | 文徵明与仇英合写《寒林钟馗图》。春，应周凤来之邀，作《子虚上林图》卷，嘉靖二十九年（1550）竟画。又作《后赤壁图》卷。 |
| **1545　乙巳**<br>四十八岁 | | 周天球取祝允明书《黄庭经》、王宠书《曹娥碑》、蔡羽书《湘君》《湘夫人》、陆师道书《麻姑仙坛记》、彭年书《洛神赋》全装成册，文徵明请仇英各为图。 |
| **1546　丙午**<br>四十九岁 | | 仇英为项元汴作《孝经图》。秋，作摹赵孟頫《沙苑图》。又作《瀛洲春晓》卷。 |
| **1547　丁未**<br>五十岁 | | 春，为项元汴作《临宋元六景》册。十一月，为项元汴作《蜡梅水仙图》轴。又临崔白《竹鸠图》轴。 |
| **1548　戊申**<br>五十一岁 | | 作《云溪仙馆图》轴、《湖上仙山图》轴、《赤壁图》卷。 |
| **1549　己酉**<br>五十二岁 | | 作《松阴琴院图》轴。文徵明题仇英临赵伯驹《丹台春晓图》。三月，文徵明书隶书《清明上河图记》于仇英摹本。 |

| | |
|---|---|
| **1550 庚戌**<br>五十三岁 | 作《上林校猎图》卷、《白描观音像》。又作《仙山楼阁图》。 |
| **1551 辛亥**<br>五十四岁 | 三月,仇英临摹《赵千里张公洞图》卷。文徵明题仇英摹本《清明上河图》卷。仇英作《兰亭图》。十月,文徵明书小楷所制词于仇英《四景仕女图》。 |
| **1552 壬子**<br>五十五岁 | 许初题仇英《送朱子羽令铅山图》。仇英作《琵琶行图》卷、《职贡图》卷。文徵明跋仇英《职贡图》卷。仇英卒于时年九月十六日至十二月间。 |

## 图书在版编目（CIP）数据

在喧嚣世界里持守匠心：仇英传 / 林家治，卢寿荣著. -- 贵阳：贵州教育出版社，2020.7
（艺术的故事）
ISBN 978-7-5456-1209-7

Ⅰ. ①在… Ⅱ. ①林… ②卢… Ⅲ. ①仇英（1506-1555）- 传记 Ⅳ. ① K825.72

中国版本图书馆CIP数据核字（2020）第085553号

### 在喧嚣世界里持守匠心：仇英传
林家治 卢寿荣 著

| | |
|---|---|
| 出 品 人 | 玉 宇 |
| 责任编辑 | 林鹏旭 |
| 出版发行 | 贵州出版集团 |
| | 贵州教育出版社 |
| 地　　址 | 贵州省贵阳市观山湖区会展东路SOHO区A座 |
| | （电话 0851-82263049　邮编 550081） |
| 印　　刷 | 山东临沂新华印刷物流集团有限责任公司 |
| 开　　本 | 787mm×1092mm　1/32 |
| 印　　张 | 7.75 |
| 字　　数 | 150千字 |
| 版　　次 | 2020年7月第1版 |
| 印　　次 | 2020年7月第1次印刷 |
| 书　　号 | ISBN 978-7-5456-1209-7 |
| 定　　价 | 58.00元 |

如发现印、装质量问题，影响阅读，请与印刷厂联系调换。
厂　址：山东省临沂市国家高新技术产业开发区新华路　电话：0539-2925680　邮编：276017